柳　永

（约984—1054）

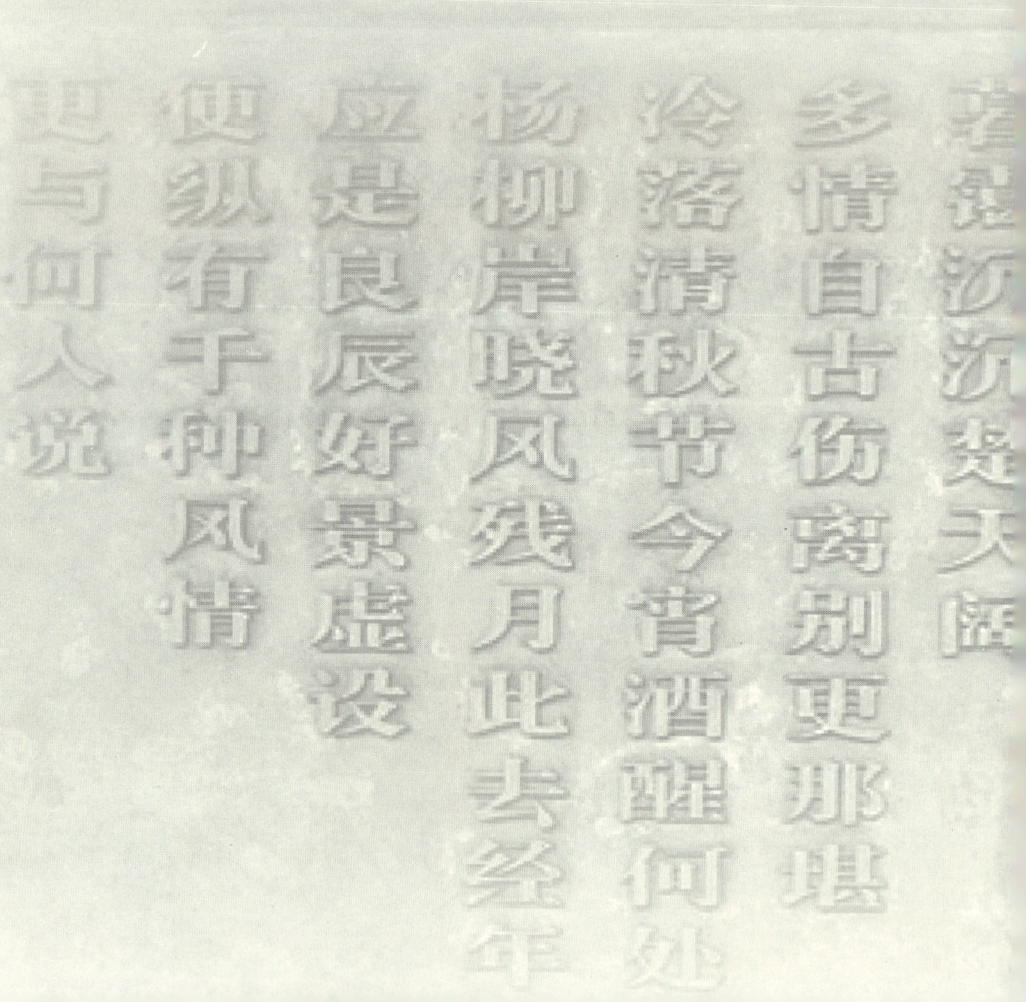
多情自古伤离别更那堪
冷落清秋节今宵酒醒何处
杨柳岸晓风残月此去经年
应是良辰好景虚设
便纵有千种风情
更与何人说

福建历史文化名人丛书
福建省社会科学界联合会 编

柳永

婉约派一代宗师

陈未鹏 编著

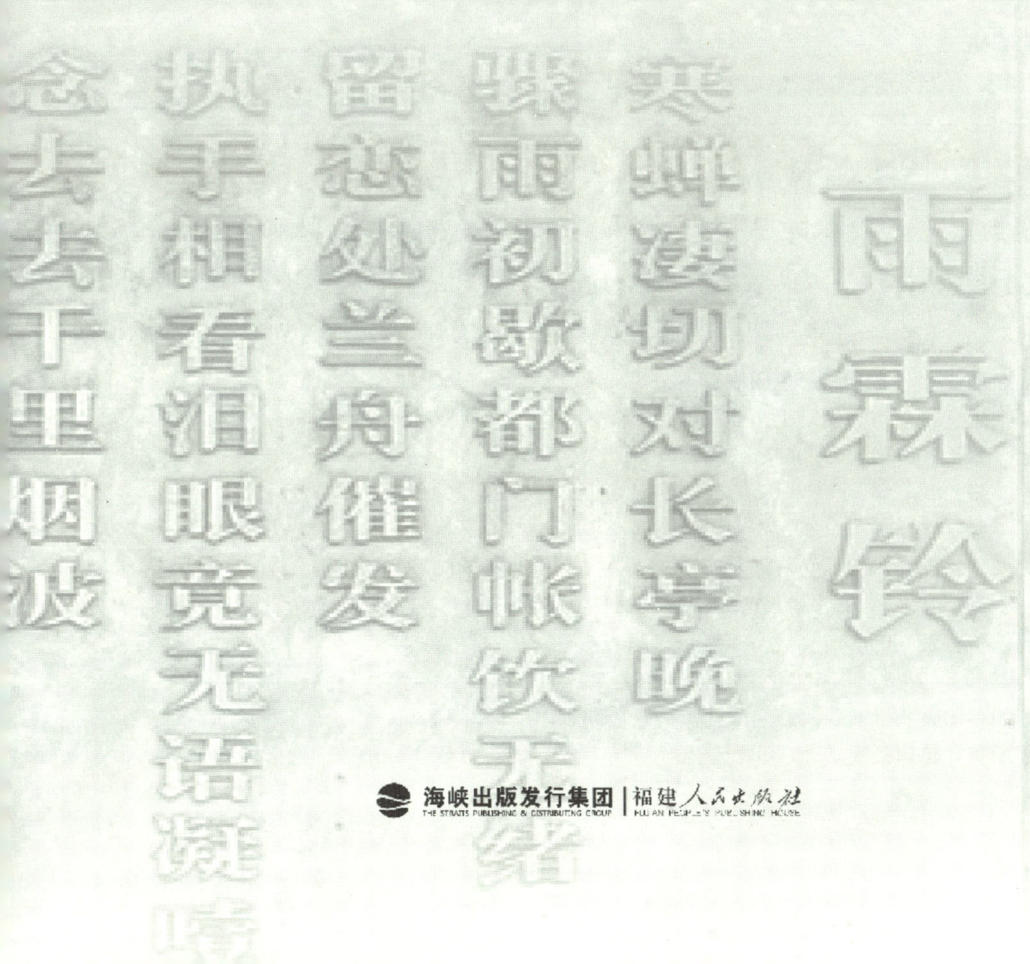

海峡出版发行集团 THE STRAITS PUBLISHING & DISTRIBUTING GROUP | 福建人民出版社 FUJIAN PEOPLE'S PUBLISHING HOUSE

图书在版编目（CIP）数据

柳永：婉约派一代宗师/陈未鹏编著.--福州：
福建人民出版社，2017.2（2020.11重印）
（福建历史文化名人丛书）
ISBN 978-7-211-07580-5

Ⅰ.①柳… Ⅱ.①陈… Ⅲ.①柳永（约987-1053）
—生平事迹 Ⅳ.①K825.6

中国版本图书馆CIP数据核字(2017)第025077号

柳永
LIUYONG
——婉约派一代宗师

作　　者： 陈未鹏
责任编辑： 陈　宽
出版发行： 福建人民出版社　　**电　　话：** 0591-87533169(发行部)
网　　址： http://www.fjpph.com　　**电子邮箱：** fjpph7211@126.com
地　　址： 福州市东水路76号　　**邮　　编：** 350001
经　　销： 福建新华发行（集团）有限责任公司
印　　刷： 福建省金盾彩色印刷有限公司
地　　址： 福州市金山浦上工业区D区24幢
开　　本： 700毫米×1000毫米　1/16
印　　张： 7
字　　数： 76千字
版　　次： 2017年2月第1版　　2020年11月第2次印刷
书　　号： ISBN 978-7-211-07580-5
定　　价： 25.00元

本书如有印装质量问题，影响阅读，请直接向承印厂调换。

总 序

李 红

社会科学承载着“认识世界、传承文明、创新理论、咨政育人、服务社会”的重要功能，是人类赖以传承的精神支柱。近年来，福建省各级各部门认真贯彻《福建省社会科学普及条例》，社会科学普及工作扎实开展、稳步推进，通过举办全省社科普及宣传周、建立社科普及基地、开办社科普及讲坛等社科普及咨询平台载体，其制度化、常态化、大众化工作取得了明显成效。

习近平总书记指出，文化是民族生存和发展的重要力量，中华优秀传统文化已经成为中华民族的基因，植根在中国人内心，潜移默化地影响着中国人的思维方式和行为方式。福建文化是中华文化中极富特色的一部分，深度融入了中国文化的进程，展现出突破陈规、积极进取、兼容并包、锐意创新的胸襟和气魄。向大众传播福建优秀的历史文化知识，是福建省社科普及工作的重要内容。以接福建地气、讲福建故事、塑福建形象、续福建文脉的姿态编辑出版的“福建历史文化名人丛书”，既较为全面地展示了福建文化深厚的历史底蕴和丰富的人文精神，也为福建当下的社会文化建设提供了有益的资鉴。“福建历史文化名人丛书”所包含的朱熹、林则徐、严复、陈嘉庚等人物传记，记录了福建文化之于中国历史的影响，同时也以人物史的叙述方式生动地展现出中国人文精神的风骨和传统文化的传承。

今天，我们提倡和弘扬社会主义核心价值观，必须从中华优秀传统文化中汲取丰富营养，否则就会缺乏生命力和影响力。“福建历史文化名人丛书”记录了福建历史文化人物的价值观践行轨迹，重温了这批福建历史文化乃至中国历史文化史上重要人物的生命历程，以浅显晓畅、通俗易懂的叙述方式讲述了中华优秀传统文化传承的当代意义，开辟了社会科学知识进入千家万户的新路子。

“最忆市桥灯火静，巷南巷北读书声。”一套好的社会科学普及丛书，总是能带动起读书的风气。将学习作为一种追求、爱好和健康的生活方式，也是“福建历史文化名人丛书”所期望实现的目标。在文字中领略福建地域文化魅力，在阅读中传承传统文化养分，在感悟中提升人文道德情操，社会科学普及丛书的出版，可谓正当其时。

（作者系福建省人民政府原副省长，福建省政协原副主席）

目　录

前　言

苏东坡曾问幕士："我词何如柳七？"幕士回答道：

> 柳郎中词，只合十七八女郎，执红牙板，歌"杨柳岸、晓风残月"。学士词，须关西大汉、铜琵琶、铁绰板，唱"大江东去"。

幕士相当乖巧，避开了对两人作品高下的直接判断，但实际意思再清楚不过：他认为两人风格，一则豪放，一则婉约，实在是各有千秋，各臻其妙。据说苏东坡听完幕士的话后，"为之绝倒"，深为赞同。在另一个场合，苏东坡还曾说柳七的词"于诗句不减唐人高处"。

那么，柳七是谁？为什么他的词作能得到苏东坡这么高的评价？

柳七即柳永。柳永（约984—1054），字耆卿，初名三变，字景庄，排行第七，又称柳七，福建崇安（今福建武夷山）五夫里人，是北宋前期最负盛名的词人，苏东坡幕士所引用的"杨柳岸，晓风残月"即出自他的名篇《雨霖铃》。

北宋的黄裳曾说，读柳永的词，如同读杜甫的诗，"典雅文华，无所不有。"南宋的项平斋也说："学诗当学杜诗，学词当学柳词。"杜甫是中国古典诗歌的集大成者，"尽得古今之体势而兼人人之所独专"，将柳永与杜甫相提并论，这是极高的评价。甚至有人将柳永的词作《戚氏》与屈原的《离骚》联系起来："《离骚》寂寞千年后，《戚氏》凄凉一曲终"。这样的类

柳永的实际生卒年份已不可考，按《辞海》的说法是约987—1053，但根据一些史料和宋代官职制度，本书作者认为柳永的生卒年份为约984—1054。

比也许赞美得有些过头，但也反映了在相当一部分读者心中，柳永可以跻身中国文学史第一流的作家行列。

的确，柳永的词作得到了上自皇帝下至市井百姓的广泛喜爱。宋仁宗赵祯喝酒的时候，总是叫侍伎反复演唱柳永的词。而山程水驿、烟花巷陌之间，也到处流传着柳永的词作，“骫骳从俗，天下咏之”“一时动听，散播四方”。一位出使西夏的宋朝使臣在归国以后这样说道：“凡有井水饮处，即可歌柳词。”

然而柳永的词坛盛名，并没能给他带来什么“好处”，反而阻碍了他在官场上的“进步”。

咸平五年（1002年），18岁的柳永离开家乡进京参加科举考试，此后半生，屡试不第。这并非因其才学不足，而是受到了词名的拖累。宋人吴曾《能改斋漫录》记载，柳永在仁宗初年通过考试，临到放榜时却被黜落，理由竟是“好为淫冶讴歌之曲”。柳永迟至景祐元年（1034年）50岁时才得中进士。中进士后，历任睦州团练推官、余杭县令、晓峰盐场盐监、泗州判官等地方小官，晚年以屯田员外郎（从六品上，几乎是京官中最低的官级）致仕，因此世称柳屯田。柳永卒于皇祐六年（1054年），他死后的境况非常凄凉，棺木搁置僧寺，后由别人出资才得以安葬。明代冯梦龙《喻世明言》第12卷《众名妓春风吊柳七》虽是短篇小说，情节内容以虚构为主，却也在很大程度上反映了柳永一生的境遇。

因为官场上的失意和传统的偏见，这样一位大词人，煌煌

496卷、500余万字的《宋史》却吝啬得不肯记上一笔，以至于柳永的生平经历蒙上了不少历史的尘埃。

实际上，柳永是一位值得浓墨重彩的历史人物。他以“忍把浮名，换作浅斟低唱”的生命姿态，追寻脱去名缰利锁的生命本真，挑战了封建社会的价值观念；他以“才子词人，自是白衣卿相”自命，他的词从词调到作法，都代表了宋词发展的一个新阶段；他以赋体而作长调，变旧声作新声，开“屯田蹊径”，成“柳氏家法”，是我国古典文学的珍贵遗产；他取法民间文艺，以纤艳俚俗之语而得俗不伤雅、雅不避俗之境，将词从贵族的“文艺沙龙”引向市井坊间，从而被广泛传播，其中的经验，在大力发展文化事业的今天，尤其值得学习和借鉴。

第一章

官宦少年

柳永生于武夷山脚下的一个官宦之家，他从小跟随父亲游历大江南北，与著名文人交往密切，勤奋读书，追慕民间词调，为他今后成为词坛大家打下了坚实的基础。

南朝著名文学家江淹曾在《自序传》中自叙生平经历与志趣，并提到于474—476年间被黜任建安郡吴兴（今福建浦城）令之事：

> 王遂不悟，乃凭怒而黜之，为建安吴兴令。地在东南峤外，闽越之旧境也。爰有碧水丹山，珍木灵草，皆淹生平所至爱，不觉行路之远矣。山中无事，与道书为偶，乃悠然独往，或日夕忘归。放浪之际，颇著文章自娱。

按理说，一个官员被贬黜时心情应该是比较郁闷的，但在这段文字中，江淹说他的精神在“碧水丹山”的宜人环境中找到了安慰和寄托。的确，闽北这一带的山水不仅让他流连忘返，还激发了他的创作灵感。这段时间他创作了许多文学作品，描绘山水，抒发情志。几乎可以说，闽北的山水成就了江淹的文字，江淹的文字又辉映了闽北的山水。他的《游黄檗山》《杂三言五首》《赤虹赋》等作品为绚丽多姿的闽北山水传神增色。这是一曲山水与文化的协奏曲。此后，协奏曲动人的旋律在武夷山的千年历史上不断奏响，而柳永的故事，是协奏曲里最动人的乐章。

柳永的家世

公元960年，宋朝建立。宋初的文坛上，还承续着晚唐五代的余风，散文崇尚绮丽浮华，诗歌创作上雕润密丽的西昆体大行其道。宋初的词坛以小令写艳情，还没有突破晚唐五代词的藩篱，仍属“镂玉雕琼，裁花剪叶”的艳科。同时，宋初文坛上也开始出现革新的努力。如针砭时弊的王禹偁，倡导“韩柳文章李杜诗”，但毕竟还未形成声势。时代呼唤着更具勇气与才气的革新。

柳永正出生在这样的一个时代里。

在他出生时，温庭筠已去世18年，李煜已经去世6年，王禹偁30岁、杨亿16岁、林逋17岁。李清照的《词论》说张先、宋祁是柳永的继起之辈。至于梅尧臣、欧阳修等人，他们在文坛上崭露头角更是三四十年之后的事了。还要再过54年，苏轼才会出生。柳永在武夷山下开始了他的文学创作，并成为中国词史上一个重要的里程碑。

故事得先从柳永的七世祖柳奥说起。柳奥跟随他的叔父柳冕（唐代著名文史学家、古文运动先驱）到福建做官，先署福州司马，后改任建州（即今闽北一带）长史。也许是陶醉于闽北秀异的江山泉石，他从此占籍建州。柳奥生诞、诞生琼、琼生祚、祚生瞪，瞪生崇。柳崇是柳永的祖父，字子高，以儒学闻名。五代战乱时王审知的第十三子、第五代闽王王延政主政福建时，听闻柳崇的名声，让他担任沙县丞，但由于王延政残民自奉、为政无道，所以柳崇以母亲老迈需要奉养为由而拒绝，从此终身不仕，隐居于崇安五夫里的鹅峰山下。他良好的道德品行为当地人所公认，每当乡人起了争执，往往请柳崇裁断是非曲直。柳崇治家谨严，共有六子：宜、宣、寘、宏、寀、察。柳宜即柳永之父，在南唐时为监察御史，入宋后为沂州费县令，官至工部侍郎。柳宣入宋后以校书郎任济州团练推官，后任大理评事、天平军节度推官；柳寘是宋真宗大中祥符八年（1015年）进士；柳宏是咸平元年（998年）进士，官至光禄寺卿；柳寀官至礼部侍郎；柳察17岁时举应贤良，待诏金马门，官至水部员外郎。柳崇的几个儿子都做了官，而且谨遵父亲的教诲，反映了柳崇在家庭教育上的成功。

柳宜生于后晋天福四年，亦即闽王曦永隆元年（939年），柳宜在南唐时为太子校书郎、江宁尉、管理着贵溪、崇仁、建阳三邑，后任监察御史。在他当县宰时，“所在有理声”，可见他有治理的才能。他当监察御史时，“多所弹射，不避权贵”，足见他为人正直、性格耿介。柳宜38岁时南唐灭亡，他在宋朝担任雷泽、费县、任城等地县令长达15年。淳化元年（990年）在他52岁时到京城叫阍上书，请求自试，试后改官秘书省著作佐郎、全州通判，后移任扬州，升任赞善大夫，国子博士，官至工部侍郎。

柳永初名三变，字景庄，是柳宜三个儿子中的老三，排行在堂兄弟中是第七，所以宋人称他为“柳七”。柳永的长兄柳三复是天禧三年（1019年）进士，仲兄柳三接与柳永同是景佑元年（1034年）进士，官至都官员外郎。柳永三兄弟“皆工文艺，号柳氏三绝”。

柳永出身于仕宦之家，所以他后来也走上了以科举入仕的道路。然而柳家存有耿介正直、有所不为的家风，祖父柳崇、父亲柳宜如此，叔父柳宣也是如此。柳宣在南唐时为大理评事，耿直敢言，李后主（李煜）曾斥责他：“尔不是魏征，颇好直言。”柳宣回应：“臣非魏征，陛下亦非太宗。”受这种家风影响的柳永，对于官场又有一定程度的疏离。更何况，柳家还有隐居的传统。柳崇“自誓终身御布衣，称处士而已”，柳宜“吏隐者二十年”，柳宏“官至九卿、志乐肥遁，故卒归隐焉”。后来柳永在仕途不得意时，有“忍把浮名，换了浅斟低唱”（《鹤冲天》）

的冲动，也有“叹年来踪迹，何事苦淹留”（《八声甘州》）的喟叹，更有“游宦区区成底事，平生况有云泉约”（《满江红》）的豁达。

柳宜是家里对柳永影响最大的人。柳永出生在柳宜沂州费县的任所，此后柳宜移任濮州任城、后抵京叫阍上书，除全州通判，“沿汴达淮，浮江湖入湘潭”，以赞善大夫调扬州。柳宜在各地为官，始终把柳永带在身边。一方面，父亲的言传身教伴随着柳永的成长；另一方面，自幼随父亲游宦南北，周览四海名山大川，让他极大地开阔了眼界。柳永词“尤工于羁旅行役”，可以看出这段少年经历的影响。

柳宜与著名文人王禹偁有较密切的交往。王禹偁写有《建溪处士赠大理评事柳府君墓谒并序》《送柳宜通判全州序》《柳赞善写真赞并序》等诗文，从中可以看出他对柳宜家世生平的熟悉，也可见出两人深厚的交谊。柳永后来走上文学创作的道路，可能与父亲的好友王禹偁不无关系，甚至柳永的词作中也有王禹偁的影子。王禹偁唯一的传世词作是《点绛唇》：

> 雨恨云愁，江南依旧称佳丽。水村渔市，一缕孤烟细。　　天际征鸿，遥认行如缀。平生事，此时凝睇，谁会凭阑意。

而柳永有首《雪梅香》：

> 景萧索，危楼独立面晴空，动悲秋情绪，当时宋玉应同。渔市孤烟袅寒碧，水村残叶舞愁红。楚天阔，浪浸斜阳，千里溶溶。　　临风。想佳丽，别后愁颜，镇敛眉峰。可惜当年，顿乖雨迹云踪。雅态妍姿正欢洽，落花流水忽西东。无憀恨、相思意，尽分付征鸿。

这两首词，单是语言运用上，就共同使用了“佳丽”“水村”“渔市”“孤烟”“征鸿”五组词汇。而且，这些词汇所营造的意境也颇为类似，岂止是艺术上的偶合？

鹅仔峰下一枝笔

王禹偁《柳赞善写真赞并序》记载，至道二年（996年）柳宜58岁那年，他在扬州请僧人神秀为自己画像，并让弟弟持还崇安老家，以慰老母亲倚门之望。柳宜可能就是在这一年命柳永跟随叔父回到崇安。他此行除了省视祖母外，还有一个现实的目的，就是回原籍参加举业考试。

武夷山柳永纪念馆

宋初的科举，一定程度上保留了“乡举里选”的制度。宋太祖曾下诏：“诸道举人，自今并于本贯州府取解，不得更称寄应。如从化外至者，先投牒开封府，奏请得旨，方许就试。”即科举考生不准以寄居他州的名义应试，而必须在有户籍的本贯州府参加考试。这一年柳永13岁，到了准备科举考试的年纪，于是就跟随叔父回到故里。

柳氏故里在武夷山金鹅峰下。这一带至今传说，柳永读书勤奋，甚至点蜡烛读书到深夜，所以后人将其读书的地方称为蜡烛山和笔架山，称柳永为“鹅仔峰下一枝笔”。柳永本人作有《劝学文》：

> 父母养其子而不教，是不爱其子也。虽教而不严，是亦不爱其子也。父母教而不学，是子不爱其身也。虽学而不勤，是亦不爱其身也。是故养子必教，教则必严，严则必勤，勤则必成。学，则庶人之子为公卿；不学，则公卿之子为庶人。

这篇文章强调学习对于成长的重要性，认为父母对孩子不仅有抚养的责任，在教育上也要严格要求。孩子也要严于自律、勤奋学习，通过学习，平民子弟可以成为高官，如果不学习，高官子弟也可能变为平民。显然，这里的学习指的是举业的学习。《劝学文》深受隋唐以来科举思潮的影响，充满了对功名的热衷。少年的柳永，对于举业还抱着乐观的态度。科举如同一束光，他准备一直朝着光亮处奔跑，一切似乎都充满希望。

勤学举业之余，柳永还乘便饱览家乡山水。闽北一带风景号称“红尘十里，青崖万仞；苔滑临水，石险带溪”“岩崖相炤，雨云烂色”，非常壮阔奇异，每每让柳永流连忘返。崇安邻县松

武夷山景色

溪有中峰山，“一峰奇秀，特出众山之表”，山上有中峰寺。柳永在游玩过后作了一首《题建宁中峰寺》诗，表达对家乡美景的热爱之情：

攀萝蹑石落崔嵬，千万峰中梵室开。
僧向半空为世界，眼看平地起风雷。
猿偷晓果升松去，竹逗清流入槛来。
旬月经游殊不厌，欲归回首更迟回。

这首诗首联交代了中峰寺位于崔嵬的群山环抱之中，有时要手脚并用才能抵达。颔联写寺庙几乎在半空之中，仍突出其高耸之势。颈联描写其环境清幽，尾联直抒胸臆。这首诗虽然在艺术技巧上还欠缺锤炼，如最后一句中有两个“回”字，文字不够简练，但诗歌写景气势不凡，抒发情感亦真挚动人，已经可以看出少年柳永的艺术才华。

崇安县南的武夷山，“奇秀甲东南”，碧水丹山、奇峰幽岩，更是必游之地。柳永有《巫山一段云》五首联章，其一云：

六六真游洞，三三物外天。九班麟稳破非烟。何处按云轩。　　昨夜麻姑陪宴，又话蓬莱清浅。几回山脚弄云涛。仿佛见金鳌。

词中“六六”指武夷三十六峰，“三三”指武夷山九曲溪。九曲峰与三十六峰“曲曲山回转，峰峰水抱流”，是武夷山的精华所在。又因为武夷山是道教名山，位列三十六洞天中的第十六洞天，名为真升玄天，所以这首词寄寓游仙之意，多用道家事典，读之“有飘飘凌云之意”。如果说，少年柳永在家族儒学传统的熏陶下，终生未能忘情于科举仕宦，那么，故里绚丽多姿的美景在他心中则种下了诗与美的种子。而武夷山水洞天福地、羽客仙人的传说，又为他提供了一种有别于儒家积极入世思想的精神资源。

同时，生活中一些偶然出现的契机，又为柳永一生开辟了另一条道路。柳永读书时，有次偶尔读到一首民间流传的无名氏的词作《眉峰碧》：

蹙破眉峰碧，纤手还重执。镇日看来未足时，忍便使鸳鸯只。　　薄暮投村驿，风雨愁通夕。窗外芭蕉窗

里人，分明叶上心头滴。

柳永非常喜欢这首词，把它写在墙壁上，反复吟咏揣摩。说他由此悟出作词的方法，虽略显夸张，但由此也可以看出少年柳永醉心音律，对于民间的杂词俗调不仅不排斥，还相当喜爱。《眉峰碧》这首词中羁旅之人的离别之痛、相思之苦也是后来柳永词作中最常见的题材。“蹙破眉峰碧，纤手还重执”与《雨霖铃》中“执手相看泪眼，竟无语凝噎”有着异曲同工之妙；而“薄暮投驿，风雨愁通夕”这种风霜途次、夜不成眠的场景，在他的词作中更是屡屡出现。柳永的词作“骫骳从俗，天下咏之”，当得益于少年时代追慕民间词调的这一段经历吧。

咸平五年（1002年），柳永中举之后，便离开家乡，准备到北宋首都东京（今河南开封）参加考试，这一走后来再也没有回乡。他一生羁旅漂泊，走过万水千山，但始终充满了对故乡的思念，有几首词深切流露出这种情感：“念荡子、终日驱驱，争觉乡关转迢递。”（《定风波》），“一望乡关烟水隔，转觉归心生羽翼。”（《归朝欢》），“万水千山迷远近，想乡关何处。”（《安公子》）。或许在柳永的心中，故乡不再仅是东南峤外武夷山下的一个地名，更是一处精神家园，足以安慰他在水驿山程中舟车劳顿的灵魂。更何况，故乡还有他思念的人。柳永《八声甘州》下阕写道：

> 不忍登高临远，望故乡渺邈，归思难收。叹年来踪迹，何事苦淹留。想佳人、妆楼颙望，误几回、天际识归舟。争知我、倚阑干处，正恁凝愁。

柳永说，在故乡，有佳人在妆楼凝望，等待着他归来。这个佳人应该就是他的妻子。柳永在《归朝欢》里也说：“归去来，玉楼深处，有个人相忆。”然而为了科举功名，他只好“绣阁轻抛”，离开家乡和妻子，踏上“杳杳神京路”。

现存的文献资料中，没有关于柳永妻子更多的记载，但根据柳永的词《离别难》“中路委瓶簪”“闭香闺、永弃鸳衾”，《秋蕊香引》“这回望断，永作终天隔。向仙岛，归冥路，两无消息”等词句推测，她可能在柳永离开家乡不久后就去世了，给柳永留下了无尽的遗恨。

一代词宗
白衣卿相

第二章

失意才子

柳永成年后离开家乡，漫游江南，进京赶考。他沉醉于各地的繁华之中，在功名利禄与自由不羁之间彷徨，正是这种内心的矛盾和煎熬，造就了他“一代词宗”的声名和地位。

咸平五年（1002年），柳永18岁，他离开家乡，但并没有直接前往东京应试，而是在江南一带漫游了数年之久。这一方面固然是因为他痴迷于江南的湖光山色和繁华都市而不忍遽然离开，另一方面也与宋初尚存的“行卷”风气有关。

唐代科举重“誉望”，所以许多举子在考试之前会将所作诗文歌赋写成卷轴——即“行卷”，投献朝中显贵官员以求延誉。“行卷之礼，人自激昂以求当路之知”，可见这事在本质上是一种干谒行为。在宋代科考糊名誉录制度完善之前，“行卷”之风依然存在。王辟之《渑水燕谈录》卷九记载：

> 国初，袭唐末士风，举子见先达，先通笺刺，谓之请见。既与之见，他日再投启事，谓之谢见。又数日，再投启事，谓之温卷。或先达以书谢，或有称誉，即别裁启事，委曲叙谢，更求一见。当时举子之于先达者，其礼如此之恭。

因此，在前往东京之前，柳永在江南一带迁延了数年。他每游一地，就作词投递当地的行政长官，以求延誉汲引。

钱塘自古繁华

咸平六年（1003年），孙何在杭州出任两浙转运使。孙、柳两家为世谊交好。柳永的叔父柳宏与孙何的弟弟孙仅是宋真宗咸平元年（998年）同榜进士，并同为京官。淳化元年（990年）冬，王禹偁任左司谏知制诰时，孙何以乡进士的身份与他有过往来，王禹偁赠给他《送孙何序》，其后还不断为他延誉。但孙何在杭州治所的门卫并不知道这层关系，当柳永前去拜谒孙何时，可能发生了某些误会，居然被阻止在外。无奈之下，柳永作了一首词《望海潮》，托杭城名妓楚楚在孙何开宴时演唱，并且交待她：“欲见孙相，恨无门路。若因府会，愿借朱唇歌于孙相公之前。若问谁为此词，但说柳七。”果然在宴会中，孙何听到楚楚的演唱后，追问出作者是故人之子，立即延请柳永，并列坐上席。

柳永与孙何的这次见面，有点类似司马相如与汉武帝的故事。《史记》记载，汉武帝刘彻读到《子虚赋》非常喜欢，以为是古人之作，叹息不能与作者处于同一时代。“狗监”杨得意对汉武帝说：“此赋是我的同乡司马相如所作。”汉武帝马上召司马相如进京。足见柳永的《望海潮》和《子虚赋》一样，让人有读其文想见其人的艺术魅力。《子虚赋》结构宏大，铺张扬厉，反映了汉王朝的强大声势和雄伟气魄。而柳永的《望海潮》则展衍铺叙杭州的富庶与美丽：

> 东南形胜，江吴都会，钱塘自古繁华。烟柳画桥，风帘翠幕，参差十万人家。云树绕堤沙，怒涛卷霜雪，天堑无涯。市列珠玑，户盈罗绮竞豪奢。　重湖叠巘清嘉。有三秋桂子，十里荷花。羌管弄晴，菱歌泛夜，嬉嬉钓叟莲娃。千骑拥高牙。乘醉听箫鼓，吟赏烟霞。异日图将好景，归去凤池夸。

为了在府会上引起孙何的注意，柳永煞费苦心，先是自制曲调名“望海潮”，既因为钱塘（杭州）是个观潮胜地，又隐喻这里的繁华豪奢有如海潮之气势。这首词的内容也摒弃普通的阿谀奉承之辞，着力描写杭州的湖光山色、物阜民丰，借以映衬当政者的治理业绩。词的末二句“异日图将好景，归去凤池夸”，更是善颂善祷。“凤池”即凤凰池，原为皇家禁苑中的池沼，魏晋时中书省地近宫禁，因此得名。唐宋时称宰相为凤池，“归去凤池”饱含着对孙何还朝擢登相位的祝愿。孙何本来就“乐名教，

“贡”指古代诸侯每年向朝廷举荐的贡士；“举”指古代通过乡举里选向朝廷荐举的人才。汉代将二者合而为一，称“贡举”。明清时期泛指科举制度。

勤接士类，后进之有词艺者，必为称扬”，听到此词，当然要追问出处了。

此后，柳永经常出入孙何府会，“云中鼓吹，游遍蓬莱”“下车成宴尽春台”。真宗景德元年（1004年）春天，孙何判太常礼院，迁知制诰，从杭州返回汴京。柳永的《玉蝴蝶》一词追叙这段追陪时光，并依依惜别：“凤池归去，那更重来。”然而这年冬天，孙何就在汴京去世。

景德二年（1005年）六月，朝廷下旨暂停两年贡举。柳永得到消息之后，就决定继续在江南漫游，一边延誉，一边等待机会。这年秋天，他离开杭州前往苏州，并写了《瑞鹧鸪》一词赠苏州知州，词中描绘苏州“万井千闾富庶，雄压十三州。触处青蛾画舸，红粉朱楼”，赞颂在苏州知州的治理之下“讼简时丰，继日欢游”，也祝愿他能早日“锋车命驾，重整济川舟”，锋车，又称追锋车，即朝廷用于征召疾驰的车，“锋车命驾”喻为朝廷征召，入主中枢。此后，柳永可能还在江南的其他城市漫游，拜谒官员，游览山水。

多游狭邪，善为歌辞

大约在宋真宗大中祥符元年（1008年）之前的一段时间，柳永由江南抵达汴京，准备参加省试。宋真宗想改元封禅，在佞臣王钦若的策划下上演了一场“天书”闹剧，但在此后，“一国君臣如病狂然”，朝廷大臣争颂功德，天下遍称祥瑞，而老儒文士或以经义附和，或献颂赞，如丁谓《大中祥符封禅记》、钱惟演《祥符颂》、晏殊《河清颂》，不计其数。柳永也曾有庆贺之词，如《玉楼春》五首的第一首：

昭华夜醮连清曙，金殿霓旌笼瑞雾。九枝擎烛灿繁星，百和焚香抽翠缕。　　香罗荐地延真驭，万乘凝旒听秘语。卜年无用考灵龟，从此乾坤齐历数。

词的前两句写的是宋真宗于金殿设坛、通宵夜醮之事。之后两句描写夜醮场面的宏大。“延真驭”说的是神仙驾临，“万乘凝旒听秘语”说的是皇帝当场恭听仙尊秘训。全词都是堂皇的颂辞，充满了特有的时代气息。

柳永这个阶段的其他一些词作也充满了颂圣之辞，如“几行鹓鹭望尧天，齐共南山呼万岁。”（《玉楼春》五首其二）、“九仪三事仰天颜，八彩旋生眉宇。椿龄无尽、萝图有庆，常作乾坤主。”（《御街行·圣寿》）、“盈万井、山呼鳌抃。愿岁岁，天仗里、常瞻凤辇。”（《倾杯乐》）。柳永的这类词作，显然是一个年轻人对时代前景的美好向往。

景德四年（1007年），翰林学士晁迥等人呈上《考试进士新格》，皇帝下诏颁布实行，其核心便是试卷糊名和誊录的制度化。这就意味着考试之前的干谒邀誉等行为已没有多大意义了。但宋真宗在正常的礼部考试之外，又有因献颂而赐第的做法。如大中祥符二年（1009年）有很多人献颂，宋真宗在简单的考试之后，赐许申进士及第、洪矩同进士出身，祖高补三班奉职。类似情况还有好几次。虽然每次的人数有限，但对贡举之士的心理影响还是很大的。在中国古代，出仕为官几乎是读书人实现人生抱负的唯一途径，热衷仕进者，有的固然是贪图富贵，有的则是

冶游原指男女在春天或假日外出游玩，“冶”通“野”，后来逐渐专指男子光顾青楼妓院。

希冀用世、实现自我。如今在科举考试之外，又有得第当官的机会，这对于长期郁郁不得志的读书人来说，是一个不容错过的机会。既然读书人的命运系于皇权，那么上有所好，下必趋之。因此柳永以《玉楼春》等词作挤进献颂者的行列，充分体现了他的希世求进之心，虽然他最终也没有因此博得一第一官。

同一时期，柳永也有着“多游狭邪，善为歌辞”的风流不羁的浪漫冶游生活。唐代以来，文人冶游是一种普遍的风气。唐代孙棨《北里志》记载：“诸妓皆居平康里，举子、新及第进

《清明上河图》（局部）

士、三司幕府但未通朝籍、未直馆殿者，咸可就诣。”《开元天宝遗事》也说：“长安有平康坊，妓女所居之地，京都侠少萃集于此；兼每年新进士以红笺名纸游谒其中。时人谓此坊为风流薮泽。”晚唐诗人温庭筠“士行尘杂，不修边幅”“与新进少年狂游狭邪”，杜牧也在《遣怀》一诗中说自己“十年一觉扬州梦，赢得青楼薄幸名”，可见唐代文人冶游风气之盛。北宋商业发达，歌妓充斥于酒楼茶坊之间，尤其以江南与京都为甚。早在江南漫游时期，柳永已经与歌妓多有交往。在杭州时，柳永与孙何的见面便是托歌妓楚楚搭桥牵线，而楚楚之所以乐于帮忙，显然是因为柳永与她有较密切的关系。在杭州期间，柳永写有《长寿乐》一词，下阕曰：

太平世。少年时，忍把韶光轻弃。况有红妆，楚腰越艳，一笑千金何啻。向尊前、舞袖飘雪，歌响行云止。愿长绳、且把飞乌系。任好从容痛饮，谁能惜醉。

词作记述自己在杭州追欢买笑的生活。他也曾在苏州的小街斜巷“烂游花馆，连醉瑶卮”（《玉蝴蝶》）。而他对扬州的回忆是：“扬州曾是追游地，酒台花径仍存。凤箫依旧月中闻。”（《临江仙》）。

柳永在汴京应试的数年间，沉醉于歌台舞榭、小曲幽坊处，乐而忘返。那时的汴京，举目皆是青楼画阁、绣户朱帘，歌楼、酒馆、平康诸坊和瓦市等处歌妓众多，雕车宝马争驰竞驻，热闹非凡。陶谷《清异录》也说，当时“京师鬻色户将及万计”，说歌妓馆数以万计也许过于夸张，但北宋时汴京歌妓众多、冶游风气浓厚，却也是不争的事实。孟元老《东京梦华录笺注》记载，仅一家“任店”，便有歌妓数百：

凡京师酒店，门首皆缚彩楼欢门，唯任店入其门，一直主廊约百余步，南北天井两廊皆小阁子。向晚灯烛荧煌，上下相照，浓妆妓女数百，聚于主廊槏面上，以待酒客呼唤，望之宛若神仙。

这些歌妓，“新声巧笑于柳陌花衢，弄管调弦于茶坊酒肆”，她们的歌声曲调回荡在青楼画阁之间，深深地吸引了年轻的柳永，于是他在这绮陌红楼之间“论槛买花，盈车载酒，百琲千金邀妓”（《剔银灯》），度过了许多欢乐的时光。

毋庸讳言，柳永纵游娼楼，不排除有情欲驱动的成分。他出于狎客心态所做的一些词作后来被人指摘为艳曲淫词，但这部分词作比例较小。而且，柳永词作中对于女性美的欣赏，跟六朝时代的宫体诗有较大的区别。六朝的宫体诗更多将女性当作“花瓶”来描写，如萧纲《咏内人昼眠》一诗：

北窗聊就枕，南檐日未斜。
攀钩落绮障，插捩举琵琶。
梦笑开娇靥，眠鬟压落花。
簟文生玉腕，香汗浸红纱。
夫婿恒相伴，莫误是倡家。

就描写了一位贵妇人睡午觉时的体态，像一幅“睡美人图”，但这幅图所呈现的艺术形象只是表面的容貌，她的个性、心理与情感都无从捉摸，这就导致艺术形象的模糊。根据诗题，诗歌是要咏“内人”（即妻子），但恐怕作者也怀疑自己在形象构建上并不成功，末句还要特别强调“莫误是倡家（歌妓）”。

而柳永词作中的女性，大多则都是“倡家”。如《昼夜乐》中的秀香、《柳腰轻》中的英英，《凤衔杯》中的瑶卿，《木兰花》中的心娘、佳娘、虫娘、酥娘，《西施》中的琼娥等等，在柳永的笔下，她们不仅有着倾国倾城的美貌、高超动人的才艺，还有着温柔的心情与娴雅的品格，如《少年游》词：

世间尤物意中人，轻细好腰身。香帏睡起，发妆酒酽，红脸杏花春。　　娇多爱把齐纨扇，和笑掩朱唇。心性温柔，品流详雅，不称在风尘。

词作最值得注意的是最后一句“不称在风尘”。柳永在与歌妓们的长期交往中，从她们身上看到了女性美好的一面，并产生了深切的同情。在柳永的眼中，这些被“歌妓”身份束缚的女性，已不再是亵玩的对象，而是疲倦灵魂的港湾、心灵相知的伴侣。他说：“美人才子，合是相知。”（《玉蝴蝶》其三）、“其奈风流端正外，更别有、系人心处。”（《昼夜乐》）、“琵琶闲把。爱品相思调。声声似把芳心告。隔帘听，赢得断肠多少。”（《隔帘听》）、“系我一生心，负你千行泪。”（《忆帝京》）。柳永不仅以平等的姿态与这些歌妓交往，还在她们的身上寄寓了自己的人生理想。

柳永的人生理想是什么呢？作为一名官宦子弟和赴京应试的举子，他当然企盼着能通过科举考试获取功名富贵。但是，柳永应试的数年之间，不断奔走于权贵之门以求援引，却一次又一次落榜，这期间受过多少冷眼与漠视，又有多少伤心与失望？杜甫曾在旅食京华的时候写过一首形容自己的诗：

骑驴十三载，旅食京华春。
朝扣富儿门，暮随肥马尘。
残杯与冷炙，到处潜悲辛。

柳永恐怕也经历过相似的情形，他的词作不断地写到“名缰利锁”下不堪重负的人生：“名缰利锁，虚度光阴。”（《夏云峰》），“念利名，憔悴长萦绊。”（《戚氏》），“驱驱行役，苒苒光阴，蝇头利禄，蜗角功名，毕竟成何事。”（《凤归云》）。

但是，当他流连于汴京的绮陌红楼之际，接触到了不同于传统儒学的市民生活观念，便开始重新思考生活的意义，倾听灵魂深处最真实的渴望，逐渐萌发了一套不一样的价值观：

似此光阴催逼，念浮生，不满百。虽照人轩冕，润屋珠金，于身何益？一种劳心力，图利禄，殆非长策。除是恁、点检笙歌，访寻罗绮消得。（《尾犯》）

屈指劳生百岁期。荣瘁相随。利牵名惹逡巡过，奈两轮、玉走金飞。红颜成白发，极品何为……画堂歌管深深处，难忘酒盏花枝。醉乡风景好，携手同归。（《看花回》）

往来人，只轮双桨，尽是利名客。……归去来，玉楼深处，有个人相忆。（《归朝欢》）

在这些词作里，功名利禄与艳情享乐是相对立的存在。柳永运用了相似的章法结构来表达他对生活新的理解：功名羁绊所引发的痛苦，最终在酒色歌舞、追欢买笑中得以消解，在与歌妓的交往中得以忘却。换句话说，温柔乡里的红颜知己是他忍受“名缰利锁”的最佳安慰。

更何况，在与歌妓的交往中，他体会到了被需要的快乐。北宋的秦楼楚馆是“竞赌新声”的所在，都市生活的喧嚣与活力在那里产生了音乐与文学的浪潮。为歌妓们作词，使柳永得以淋漓尽致地挥洒才华，他的词作也得到了她们真诚的喜爱和追捧，罗烨《醉翁谈录》记载：“耆卿居京华，暇日遍游妓馆。所至，妓者爱其有词名，能移宫换羽，一经品题，声价十倍。妓者多以金物资给之。”叶梦得《避暑录话》也说：“（永）为举子时，多游狭邪，善为歌辞。教坊乐工，每得新腔，必求永为辞，始行于世。于是声传一时。”歌妓们每当有新腔新曲的时候，就请柳永填词，然后争相传唱。为了得到柳永的词，她们以“金物”充当润笔费用。但柳永为歌妓们创作显然不是简单的商业行为，他的《玉蝴蝶》记载了当时歌妓向他索词的场景：

珊瑚筵上，亲持犀管，旋叠香笺。要索新词，殢人含笑立尊前。接新声，珠喉渐稳，想旧意、波脸增妍。

激发柳永创作灵感的，更多的是与歌妓们感情的投契。当歌妓们含笑拿着笔，叠好纸，款款深情地请柳永填词之时，或者与他相互唱和，“属和新词多俊格，敢和我勍敌”（《惜春郎》），甚或参与到作品的创作过程之中，“新词写处多磨，几回写了又重挼”（《西江月》），柳永就沉浸在一个完全不同于科举功名的艺术世界之中。

且去填词，何要浮名

年轻时的柳永未必知道，他在秦楼楚馆的流连忘返，已经超出了时代的接受限度，大大出格了。他还在幻想“名利”与“风情”的调和，以为两者可以兼得。这时的他还比较自信，曾写过一首《长寿乐》：

尤红殢翠。近日来、陡把狂心牵系。罗绮丛中，笙歌筵上，有个人人可意。解严妆巧笑，取次言谈成娇媚。知几度、密约秦楼尽醉。仍携手，眷恋香衾绣被。情渐美。算好把、夕雨朝云相继。　　便是仙禁春深，御炉香袅，临轩亲试。对天颜咫尺，定然魁甲登高第。等恁时、等著回来贺喜。好生地。剩与我儿利市。

这应当是写于某一次科举考试的前夕。词作写他在罗绮丛中、笙歌筵上与某一位歌妓纵情欢笑，他们两情相悦，情美意浓，就连马上临近的科举考试也不能稍减他们的快乐。因为柳永相信，他必然能够“魁甲登高第”，这也是献给爱人最好的礼物。

但是等待柳永的，不是“贺喜”，而是一次又一次的失望。柳永的落第，既是偶然又是一种必然。北宋科举的录取名额虽然比起唐代来已经“扩招”了不少，但相对大量的考生而言，仍属羊肠小道。落第与中第有很大的偶然性。而必然性，则与科举考试制度的改革有关。北宋初年，诗赋在进士科考试中虽然占据着决定性作用，但宋真宗以来，策论所占比重越来越大，这对擅长词作的柳永不利。如大中祥符二年正月有诏：“读非圣之书及属辞浮靡者，皆严谴之。”柳永流连于市井坊间，接触了大量市民文艺，这些都属“非圣之书”；他的许多词是为歌妓而作，当然“浮靡”，落第是再正常不过的事了。

在一次落第之后，他在愤慨之中写下了《鹤冲天》一词：

> 黄金榜上。偶失龙头望。明代暂遗贤，如何向。未遂风云便，争不恣狂荡。何需论得丧。才子词人，自是白衣卿相。　　烟花巷陌，依约丹青屏障。幸有意中人，堪寻访。且恁偎红翠，风流事、平生畅，青春都一饷。忍把浮名，换了浅斟低唱。

词作发泄了屡试不第的愤懑情绪。他本来以为博一功名如探囊取物，但殿试以后朝廷发布的榜文上，不要说“龙头”（状元）不是他，整张榜上根本都没有出现他的名字。在掩饰不住的失望中，“狂荡”似乎是唯一的解脱，“意中人”是最后的安慰。柳永其实从未摆脱功名的诱惑，《如鱼水》里说：“浮名利，拟拚休，是非莫挂心头。富贵岂由人，时会高志须酬。”他仍然希望有朝一日能一酬“高志”，中第为官，他坚持参加考试到50岁，“及第已老”。所以，“才子词人，自是白衣卿相”“忍把浮

宋真宗时，刘妃与太监郭槐密谋，将李妃所生的儿子用一只剥皮的狸猫调换，致使李妃被打入冷宫，太子被宫女暗中送到宫外抚养，后来宋真宗死后，太子即位，为宋仁宗。此事后来被包拯查明，李妃得以平冤，而包拯也因此大功被封为首相。这就是“狸猫换太子”的传说。禁中又称“禁内”，指帝王居住的宫殿，由于不许外人随意出入而得名。

名，换了浅斟低唱”，他并没有多少叛逆的反抗，反而透露着深深的无奈，不过是一种负气的自嘲。

但就是这种自嘲大大触犯了忌讳。如果读书人不再汲汲于利禄和功名，如果富贵不过一杯酒，如果在他们的价值天平上，“卿相”居然与“才子词人”等重，这就反映了一种不合作的态度，是一种有别于权力体系的另一种价值取向，对于皇权来说，这构成了危险且不可容忍的挑战。这首《鹤冲天》和柳永的其他词作一样，流行甚广，肯定传进了最高统治者的耳中，于是他也上了科举的“黑名单”。

“黑名单”的效应在多年以后显现出来。宋仁宗初年，柳永又一次参加科举考试，这一次，他通过了考试。但临到放榜时，竟被黜落。宋人吴曾《能改斋漫录》第16卷记述了此事：

> 仁宗留意儒雅，务本理道，深斥浮艳虚美之文。初，进士柳三变，好为淫冶讴歌之曲，传播四方，尝有《鹤冲天》词云：“忍把浮名，换了浅斟低唱”，及临轩放榜，特落之曰：“且去浅斟低唱，何要浮名？”

柳永为他在烟花巷陌之间的行为和他那些在统治者看来是“浮艳虚美”的词作付出了沉重的代价。据《宋史·乐志》载：“仁宗洞晓音律，每禁中度曲，以赐教坊。”陈师道《后山诗话》还说：“柳三变游东都南北二巷，作新乐府，骩骳从俗，天下咏之，遂传禁中。仁宗颇好其词，每对酒，必使侍从歌之再三。”看来，宋仁宗内心是喜爱柳永词的，但身为皇帝，又不得不标榜“留意儒雅，

务本理道，深斥浮艳虚美之文”，因此临到放榜时特地黜落柳永，不让这位“薄于操行”“好为淫冶讴歌之曲”的举子登进士第。也有学者指出，放榜前黜落柳永者，不是仁宗，而是刘太后（即民间故事“狸猫换太子”中的主角）。因为从史实上看，仁宗初年，他并未亲政，国事皆决于刘太后。但不管是谁黜落柳永，总之，就是因为《鹤冲天》犯了忌讳。柳永遭受到这样的打击之后，自感在科举道路上再无希望，便彻底放纵自己。据《苕溪渔隐丛话·后集》第39卷引严有翼《艺苑雌黄》记载：

当时有荐其才者，上曰：“得非填词柳三变乎？”曰：“然。”上曰：“且去填词”，由是不得志，日与獶子纵游娼馆酒楼间，无复检约，自称云：“奉圣旨填词柳三变”。

柳永从此不再严格约束自己，应当反映了他绝望的心境。在中国古代，“学成文武艺，售与帝王家”，科举应试为官几乎是读书人唯一的出路，而当这条路再也走不通时，岂能不绝望？他自称“奉旨填词柳三变”，和《鹤冲天》一词所表现出来的情感是类似的，是一种无奈之中负气的自嘲。从此，他用更多的精力来填词创作，因为词是他除科举之外的另一个生活支撑点。所幸，他的才华在娼馆酒楼间得到追捧。他在科举方面完全绝望之后，放纵于烟花巷陌之间，与歌妓狎客为伍，思想上沾染了更多市民气息，对于女性的悲剧命运有了更真切的认识。如：

青翼传情，香径偷期，自觉当初草草。未省同衾枕，便轻许相将，平生欢笑。怎生向、人间好事到头少。漫悔懊。　　细追思，恨从前容易，致得恩爱成烦恼。心下事千种，尽凭音耗。以此萦牵，等伊来、自家向道。洎相见，喜欢存问，又还忘了。（《法曲第二》）

凤枕鸾帷。二三载，如鱼似水相知。良天好景，深怜多爱，无非尽意依随。奈何伊。恣性灵、忒煞些儿。无事孜煎，万回千度，怎忍分离。　　而今渐行渐远，渐觉虽悔难追。漫悵寄消息，终久奚为。也拟重论缱绻，争奈翻覆思维。纵再会，只恐恩情，难似当时。（《驻马听》）

一生赢得是凄凉。追前事、暗心伤。好天良夜，深屏香被，争忍便相忘。　　王孙动是经年去，贪迷恋、有何长。万种千般，把伊情分，颠倒尽猜量。（《少年游》其八）

这些词作都有着共同的特点，即柳永在词中“以男子而作闺音”，设身处地体会歌妓无奈的命运和复杂委屈的心理。《法曲（第二）》慨叹“人间好事到头少”，虽是歌妓自述，又何尝不是久困科举考场、遭受过各种忧患的人的心声？后两首词都描写了被遗弃歌妓追悔、猜疑、痛苦的心理过程。可见，柳永为她们写作，不仅写下了她的容貌、性格与才艺，还写下了她们被侮辱被损害的命运，以及她们精神上的创痛。这样的词作，当然会受到歌妓的欢迎。而且，柳永在词作中融入了自己的身世之感。“渐觉虽悔难追”“一生赢得是凄凉”，何尝不是他的真情流露？也许，正因为有这样的内心坦露，使得他的词能够打动人心，流布四方，“柳永下第，自此词名益振。”

独自个，千山万水，指天涯去

虽然柳永在与歌妓的交往中获得了一定的收入，但恐怕不敷日用。再加上“且去填词”的打击让他陷入绝望，让他觉得没有

必要再留在汴京这个伤心地。于是，他带着不舍与无奈的心情离开了汴京，可能是随官员游宦去从事幕僚一类的职业。为此作了一首《引驾行》：

虹收残雨。蝉嘶败柳长堤暮。背都门、动消黯，西风片帆轻举。愁睹。泛画鹢翩翩，灵鼍隐隐下前浦。忍回首、佳人渐远，想高城、隔烟树。　　几许。秦楼永昼，谢阁连宵奇遇。算赠笑千金，酬歌百琲，尽成轻负。南顾。念吴邦越国，风烟萧索在何处。独自个、千山万水，指天涯去。

根据“蝉嘶败柳长堤暮”语，柳永离开汴京的季节应该是深秋。又据“南顾。念吴邦旧国，风烟萧索在何处”语，此行目的地可能是江淮苏杭等旧游之地。此时柳永的心境是相当黯淡的，秋风吹动风帆，独自向着千山万水之外的江南漫游，风烟萧索中，留在背后的是承载过青春和梦想的汴京，辜负的是曾经一同欢笑过的“佳人”。

柳永在汴京的“佳人”是谁，已无法确知，但可以肯定，他的心中充满了缠绵悱恻的悲苦。千百年后，读他离开汴京与情人的惜别之作《雨霖铃》，依然能够感受到一种哀婉凄恻的离情：

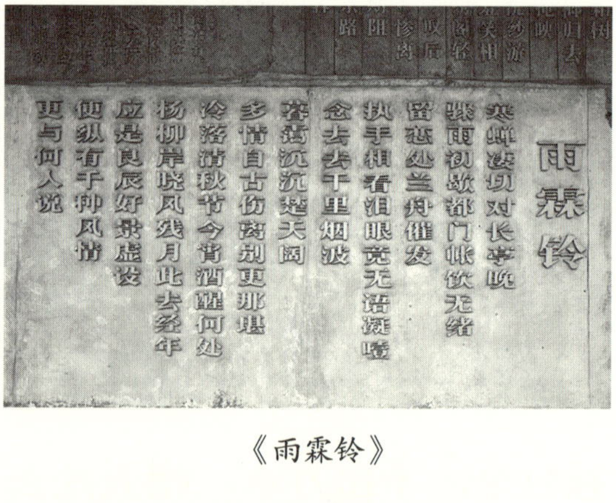

《雨霖铃》

寒蝉凄切。对长亭晚，骤雨初歇。都门帐饮无绪，留恋处、兰舟催发。执手相看泪眼，竟无语凝噎。念去去、千里烟波，暮霭沉沉楚天阔。　　多情自古伤离别。更那堪、冷落清秋节。今宵酒醒何处，杨柳岸、晓风残月。此去经年，应是良辰、好景虚设。便纵有、千种风情，更与何人说。

据《明皇杂录》记载，安史之乱时，唐明皇避乱蜀地，“初入斜谷，霖雨弥日，栈道中闻铃声，采其声为《雨霖铃》曲，以寄恨焉。”这里的“恨”指的是唐明皇对杨贵妃的思念之情。柳永的《雨霖铃》借旧曲名而另作新声，但“夜雨闻铃肠断声”，情感的基调是一致的。南朝江淹曾说：“黯然消魂者，唯别而已矣。”柳永的分别，有着更深的无奈，“留恋处，兰舟催发”，再深再浓的留恋也不得不舍弃，兰舟所催，表面上看是启程的时间已到，更深一层，则是现实的无奈，为谋生和出路而不得不选择的漫游，生生阻隔了“多情”。而“执手相看泪眼，竟无语凝噎”“纵有千种风情，更与何人说”等语，则再一次证明，柳永与这些歌妓的交往，已不再是单纯的情欲的满足，或者歌词创作上的合作关系，更多的是一种情感的依恋。这些歌妓才貌双全，却身陷青楼，这与柳永身负绝世文才却只能漂泊江湖间的命运何其相似。他与她们要诉说的，有离别后绵长的思念，更有“怀才不遇”的喟叹。

在到达汴京之前，柳永曾经在江淮苏杭一带漫游干谒，那时的他，心中还充满“莫愁前路无知己，天下谁人不识君”的少年豪迈之气。而此时离开汴京，重游故地，江南还是那么繁华富庶，但人到中年，一官未得，心境已不复当年。如他第一次到苏州时，看到的是“万井千闾富庶，雄压十三州”的吴会风流，而重履故地之时，心中万千感慨却借思古之幽情抒发，写了一首《双声子》：

晚天萧索，断篷踪迹，乘兴兰棹东游。三吴风景，

姑苏台榭，牢落暮霭初收。夫差旧国，香径没、徒有荒丘。繁华处，悄无睹，惟闻麋鹿呦呦。　　想当年、空运筹决战，图王取霸无休。江山如画，云涛烟浪，翻输范蠡扁舟。验前经旧史，嗟漫载、当日风流。斜阳暮草茫茫，尽成万古遗愁。

在晚天萧索的时候，一个孤独的旅人面对清冷荒凉的姑苏遗迹，不禁嗟叹：当年吴王夫差图王取霸的功业最终为荒草掩没，还不如像功成身退的范蠡那样以一叶扁舟隐于五湖烟浪之间来得潇洒适意。柳永的历史追索指向的仍是个体的生存意义与价值追求。如果说其作于流连坊曲时期的《鹤冲天》所说的“才子词人，自是白衣卿相”“忍把浮名，换了浅斟低唱”，意在功名利禄外寻找人生新的价值与意义，那《双声子》这种作于旅途中的怀古词，则道尽了柳永对于前半生“奔名竞利”的沮丧之感。

然而，沮丧并不是幻灭。在江南的漫游，在行行重行行的疲惫旅途中，在旅馆的无眠灯影下，眼前影影绰绰的，仍是旧日汴京纵情欢笑的片断：

冻云黯淡天气，扁舟一叶，乘兴离江渚。渡万壑千岩，越溪深处。怒涛渐息，樵风乍起，更闻商旅相呼。片帆高举。泛画鹢、翩翩过南浦。　　望中酒旆闪闪，一簇烟村，数行霜树。残日下、渔人鸣榔归去。败荷零落，衰杨掩映，岸边两两三三，浣纱游女。避行客、含羞笑相语。　　到此因念，绣阁轻抛，浪萍难驻。叹后约丁宁竟何据。惨离怀，空恨岁晚归期阻。凝泪眼、杳杳神京路，断鸿声远长天暮。（《夜半乐》）

一枕清宵好梦，可惜被、邻鸡唤觉。匆匆策马登途，满目淡烟衰草。前驱风触鸣珂，过霜林、渐觉惊栖

战国时的宋玉，曾有“悲哉！秋之为气也，萧瑟兮草木摇落而变衰”（《九辩》）的名言，于是“悲秋”便成了文人不得志的一种标志。

鸟。冒征尘远况，自古凄凉长安道。行行又历孤村，楚天阔、望中未晓。　　念劳生，惜芳年壮岁，离多欢少。叹断梗难停，暮云渐杳。但黯黯魂消，寸肠凭谁表。恁驱驱、何时是了。又争似、却返瑶京，重买千金笑。（《轮台子》）

晚秋天。一霎微雨洒庭轩。槛菊萧疏，井梧零乱惹残烟。凄然。望乡关。飞云黯淡夕阳间。当时宋玉悲感，向此临水与登山。远道迢递，行人凄楚，倦听陇水潺湲。正蝉吟败叶，蛩响衰草，相应喧喧。　　孤馆度日如年。风露渐变，悄悄至更阑。长天净，绛河清浅，皓月婵娟。思绵绵。夜永对景，那堪屈指，暗想从前。未名未禄，绮陌红楼，往往经岁迁延。　　帝里风光好，当年少日，暮宴朝欢。况有狂朋怪侣，遇当歌、对酒竞留连。别来迅景如梭，旧游似梦，烟水程何限。念名利、憔悴长萦绊。追往事、空惨愁颜。漏箭移、稍觉轻寒。听呜咽、画角数声残。对闲窗畔，停灯向晓，抱影无眠。（《戚氏》）

南宋的陈振孙曾说柳永写词“尤工于羁旅行役”。这几首词作，都是柳永这一阶段漫游江南之作，篇幅都很长，似乎只有这么长的篇幅才足以诉说他疲倦而又挣扎的内心世界。柳永漫游江南，几度寒暑，但词中似乎只剩下秋天的风景：“败荷零落，衰柳掩映”“满目淡烟衰草”“晚秋天”“槛菊萧疏，井梧零乱惹残烟”。柳永自己也说这是“宋玉悲感”。柳永笔下的秋景，未必全是实景，更可能是他内心的幻象。值得注意的是，柳永在这样的秋景中，不断回望的是“杳杳神京”与“帝里风光”，是“绣阁”“重买千金笑”的欢乐往事，是“暮宴朝欢”的少年时光。所以，柳永的羁旅行役词，不同以往诗人对于故乡的怀念和对于亲人的思念，而是指向汴京这样的异乡，“绮陌红楼”这样的歌舞场，也许，“浪子”的故乡即是异乡。

漫游期间，柳永可能也曾由江南返回过汴京。但汴京虽然繁华依旧，但对他而言，一切都物是人非，故交零落，只能触目伤怀：“岂知重楼，玉箫声断，前事难重偶”（《笛家弄》），“人面桃花，未知何处，但掩朱扉悄悄”（《满朝欢》）。他终日伫立无言，只能“泪沾襟袖”“赢得凄凉怀抱”。

《曲玉管》

既然汴京再无可留恋，他又一次选择离开汴京，这一次是去西北：

上国。去客。停飞盖、促离筵。长安古道绵绵。见岸花啼露，对堤柳愁烟。物情人意，向此触目，无处不凄然。（《临江仙引》）

红尘紫陌，斜阳暮草，长安道，是离人。断魂处，迢迢匹马西征。（《引驾行》）

陇首云飞，江边日晚，烟波满目凭阑久。立望关河，萧索千里清秋。忍凝眸。（《曲玉管》）

《玉蝴蝶》

绵绵古道，斜阳暮草，所见也无非是秋风吹渭水，落叶满长安的萧条凄凉。后来，柳永也曾沿长江漫游，过湖南，抵湖北。但他一路所作之词，无不沾染着凄凉之色：

对潇潇、暮雨洒江天，一番洗清秋。渐霜风凄惨，关河冷落，残照当楼。是处红衰翠减，苒苒物华休。惟有长江水，无语东流。　　不忍登高临远，望故乡渺邈，归思难收。叹年来踪迹，何事苦淹留。想佳人、妆楼颙望，误几回、天际识归舟。争知我、倚阑干处，正恁凝愁。（《八声甘州》）

望处雨收云断，凭阑悄悄，目送秋光。晚景萧疏，堪动宋玉悲凉。水风轻、蘋花渐老，月露冷、梧叶飘黄。遣情伤。故人何在，烟水茫茫。难忘。　　文期酒会，几孤风月，屡变星霜。海阔山遥，未知何处是潇湘。念双燕、难凭音信，指暮天、空识归航。黯相望。断鸿声里，立尽斜阳。（《玉蝴蝶》）

登孤垒荒凉，危亭旷望，静临烟渚。对雌霓挂雨，雄风拂槛，微收烦暑。渐觉一叶惊秋，残蝉噪晚，素商时序。览景想前欢，指神京，非雾非烟深处。　　向此成追感，新愁易积，故人难聚。凭高尽日凝伫。赢得消魂无语。极目霁霭霏微，暝鸦零乱，萧索江城暮。南楼

画角，又送残阳去。（《竹马子》）

柳永在中年时的羁旅行役，对他个人而言是大不幸。然而，“艰难困苦，玉汝于成”，柳永的词作也在这段颠沛流离的时期呈现出了新的风貌，取得了新的成就。

柳永早期的词作，思想内容相对比较贫乏，不外“批风抹月”，有的词作在艺术趣味上还比较庸俗。而汴京失意后的漫游、旅途的艰辛则砥砺了他的思想与品性；个人流落不偶的际遇，也让他对于命运有了更深的体察，对于人生的价值追求有了新的理解。于是便有了《双声子》这样的怀古词，借古人的酒杯浇胸中块垒。同时，山程水驿中不一样的风景，开阔了他的眼界，丰富了他的阅历，也扩充了词作的内容。

在这个时期，他开始在民间文艺之外，将目光投向文人传统。“《离骚》寂寞千年后，《戚氏》凄凉一曲终”，将柳永的词与《离骚》相提并论，即是着眼于两者在文化传统上的衔接。柳永的词作，多次出现“宋玉悲感”“宋玉悲凉”“当时宋玉应同”等，应和着古典文人的“悲秋”传统。在题材与写法上，也与东汉末年的《古诗十九首》颇为神似。如《古诗十九首》其一《行行重行行》：

行行重行行，与君生别离。
相去万余里，各在天一涯。
道路阻且长，会面安可知？
胡马依北风，越鸟巢南枝。
相去日已远，衣带日已缓。
浮云蔽白日，游子不顾返。
思君令人老，岁月忽已晚。
弃捐勿复道，努力加餐饭！

本诗写羁旅之人与思妇之间相思乱离的哀怨，这也是柳永词作的常见主题，二者的神似还体现在语言上，“长安古道马迟迟”（《少年游》）之于“行行重行行”，“衣带渐宽终不悔”（《凤栖梧》）之于“相去日已远，衣带日已缓”，“叹年来踪迹，何事苦淹留”（《八声甘州》）之于“浮云蔽白日，游子不顾返”，沿袭的痕迹比较明显。

柳永对文人传统的学习，还有“都门帐饮”（《雨霖铃》）语本江淹的“帐饮东都，送客金谷”，“新春残腊相催逼”（《归朝欢》）肖似潘岳的“荏苒冬春谢，寒暑忽流易”，而“想佳人、妆楼颙望，误几回天际识归舟。”（《八声甘州》）显然借鉴了六朝谢朓的“云中辨江树，天际识归舟。”

对文人传统的承袭，有效地提升了柳词的格调，使其在俚俗外开始显现出高雅的一面。苏东坡说柳永的《八声甘州》“霜风凄惨，关河冷落，残照当楼”等句所展现的意境达到了唐诗的水准。的确，与早期的“秋暮，乱洒衰荷，颗颗真珠雨。雨过月华生，冷彻鸳鸯浦”（《甘草子》）相比，现在他的词作气象更加宏大，包蕴更加深远。近代王国维《人间词话》说南唐李后主对词史的贡献是“眼界始大，感慨遂深，遂变伶工之词而为士大夫之词”，这个评价放在柳永身上也很合适。

南朝刘勰《文心雕龙·物色》曾说“屈子所以能洞鉴风骚之情者，抑亦江山之助乎”，指出屈原所取得的文学成就，同楚地的自然风光，同他的贬谪经历是密不可分的。苏东坡《自题金山画像》写道：“问汝平生功业，黄州惠州儋州”，把自己一生的文学事业归因于贬谪经历。我们也可以说，科举上的挫折失意、中年的漫游，也成就了柳永的文学创作。柳永“羁旅行役”是其个体命运的不幸，但又何尝不是文学史的幸运？

第三章

白头进士

柳永在晚年时，终于考中进士，去外地做官，但他的仕途依然不顺。这让他逐渐看淡了官场，在尽力为当地百姓谋福祉的同时，继续用写词的方式回忆着秦楼绣阁深处等着他归来的灯火。

《论语·为政》中，孔子有一段话非常有名：“吾十有五而志于学，三十而立，四十而不惑，五十而知天命……”这段话是孔子自己的人生体验，但许多人把它当成了人生的指导：少年时（15岁）应有志于学业，30岁时要知书达礼懂人事，40岁要掌握各种知识，不致迷惑。而50岁是“知天命”的年龄。“知天命”，北大教授李零将其解释为“知道自己几斤几两，到底能干点什么，命中注定该干点什么。”

及第已老

50岁时的柳永，还在一路漫游。虽然这时的他已经写下了许多足以惊艳文学史的词作，但仍是一介布衣，穷困潦倒，前路漫漫，何去何从，是谈不上“知天命”的。然而，这时命运冷峻的脸庞终于向他露出了微笑。景祐元年（1034年），柳永51岁时，终于进士及第。此前他累试不第，还曾在临轩放榜时，被最高统治者特地点名黜落。这一次，命运为什么会垂青他？其实也未必是命运的垂青。柳永得第，不过是刚好赶上皇权更迭的“推恩”而已。

宋仁宗赵祯于乾兴元年（1022年）即位时，年仅13岁，由刘太后垂帘听政。刘太后称制11年。明道二年（1033年）三月，刘太后去世，24岁的仁宗始得亲政，于是改元“景祐”。欧阳修《归田录》卷一解释改元的用意是“是时连岁天下大旱，改元诏意冀以迎和气也”。所谓“以迎和气”，实际上是更新政局气象。仁宗亲政后，疏退刘太后的亲信旧臣，起用曾奏请太后还政而遭到排斥的名臣范仲淹、宋绶等人，因此“中外大悦”。同时仁宗为了延揽声誉，笼络士子，决定扩大进士及诸科的名额，且又特开“恩科”，推恩及于历年科场落选之士。他在这年正月下了一道诏书：

> 朕念天下士向学益蕃，而取人之路尚狭，或栖迟田里，白首而不得进，其令南省就试进士、诸科，十取其二。进士五举年五十，诸科六举年六十，曾经殿试进士三举、诸科五举，及尝预先朝御试，虽试文不合格，毋辄黜，皆以名闻。

这一科取士名额特别多，包括正奏名、特奏名在内，共取士1640人。柳永本来就才华横溢，又符合“进士五举，年五十”的条件，所以，他最终在51岁的年纪登第。宋风翔《乐府余论》称：“耆卿蹉跎于仁宗朝，及第已老”，这实在是“迟到的幸福”。

仁宗在景祐元年闻喜宴赐进士诗里写道：“寒儒逢景运，报国合如何”，可见仁宗把扩大科举名额当作“恩赐”来笼络人心，希望这些读书人从此肝脑涂地报效朝廷。仁宗的这个举动，客观上改变了柳永的命运。柳永有《柳初新》一词，写中第后的荣耀与喜悦：

> 别有尧阶试罢。新郎君、成行如画。杏园风细，桃花浪暖，竞喜羽迁鳞化。遍九陌、相将游冶。骤香尘、宝鞍骄马。

这首词描写春闱放榜后新进士京城游宴的盛况，同唐代诗人孟郊的《登科后》“昔日龌龊不足夸，今朝放荡思无涯。春风得意马蹄疾，一日看尽长安花”一诗有异曲同工之妙。

游宦区区成底事

进士及第后，柳永调任睦州推官。当时的睦州（今属浙江

释褐指脱去平民衣服，用来比喻做官，也特指进士及第授官。

磨勘是一种唐、宋时期官员的考核升迁制度。一般由州府一级的长官按一定标准考核官员，并由吏部及各道观察使监督，以确定官员级别的升降。

省）辖桐庐、建德、寿昌、遂安、青溪、分水六县，府治在建德。推官掌管收发兵符、文书等事务，协理长吏治理本州、府公事府务，属于幕僚官员。宋代的幕职、州县官级别很低，俸禄不高，就像苏洵在《上韩丞相书》中描述的："劳筋苦骨，摧折精神，为人所役使，去仆隶无几也"，并不是通常所理解的"肥差"。但柳永到任后，依然勤勉公事，表现突出，因此任职才一个多月，就得到了知州吕蔚的赏识，向朝廷破格举荐。但吕蔚的举荐立即遭到非议。侍御史知杂事郭劝认为，柳永刚刚释褐到官一个月，没有什么成绩可言，而吕蔚仓促推荐，大概是出于私心。吕蔚对柳永的举荐可能出于爱才之心，但的确违反了宋代的磨勘制度。宋真宗大中祥符三年（1010年）正月，曾"诏幕职、州县官须三任六考，方得论奏"。宋代一般实行一年一考，柳永到任才个把月，与"六考"的年限要求相差太远。吕蔚荐举柳永失败之后，宋仁宗下诏："诏幕职、州县官初任未成考者，毋得奏举。"

柳永当然不会知道，这次荐举风波，只是他此后充满波折的磨勘改官道路的开始。但柳永在睦州受此打击，心情异常复杂，写了《满江红》一词，已经初步萌生出对游宦生涯的厌倦和对归隐生活的向往之情：

暮雨初收，长川静、征帆夜落。临岛屿、蓼烟疏淡，苇风萧索。几许渔人飞短艇，尽载灯火归村落。遣行客、当此念回程，伤漂泊。　　桐江好，烟漠漠。波似染，山如削。绕严陵滩畔，鹭飞鱼跃。游宦区区成底事，平生况有云泉约。归去来、一曲仲宣吟，从军乐。

这首词上阕以渔人“飞短艇”“尽载灯火”归家的欢乐场景，反衬自己“行客”的漂泊之感。下阕“归去来”，化用晋代陶渊明的“归去来兮，田园将芜，胡不归”句。“一曲仲宣吟，从军乐”，说的是王粲（字仲宣）之事。王粲有《从军行》五首，写军士行役之苦与对故乡的思念之情。柳永厌倦仕途、渴望归隐的心情在这首词中表现得相当明显。

睦州桐江一带，景色优美，南朝吴均《与朱元思书》曾有这样生动的描绘：“风烟俱净，天山共色，从流飘荡，任意东西。自富阳至桐庐，一百许里，奇山异水，天下独绝。水皆缥碧，千丈见底……夹岸高山，皆生寒树，负势竞上，互相轩邈，争高直指，千百成峰。”《与朱元思书》是六朝骈文名篇，借山水之美写避世退隐之心：“鸢飞戾天者，望峰息心；经纶世务者，窥谷忘反。”柳永《满江红》的景色描写也有这样的特点：“暮雨初收，长川静、征帆夜落。临岛屿、蓼烟疏淡，苇风萧索。”“桐江好，烟漠漠。波似染，山如削。绕严陵滩畔，鹭飞鱼跃。”寥寥数笔，不仅描绘了睦州优美的景色，而且融情入景，充满了强烈的抒情气氛。后来，睦州当地人在赛神时，都要歌唱柳词。“吴俗岁祀，里巫迎神，但歌《满江红》，有‘桐江好，烟漠漠，波似染，山如削，绕严陵滩畔，鹭飞鱼跃’句。”

数年之后，柳永调任浙江昌国（今定海）晓峰盐场盐监。盐监掌管盐税、场务及征输等事务。宋人张津等纂《乾道四明图

廨舍即为官署，是官长办公的地方。

经》卷七载：“晓峰场，在县西十二里。柳永字耆卿，以字行，本朝仁庙时为屯田郎官，尝监晓峰盐场，有长短句，名《留客住》，刻于石，在廨舍中。后厄兵火，毁弃不存。今词集中备载之。”文献中提到柳永任晓峰盐场盐监时，写有《留客行》一词，词中有“遥山万叠云散，涨海千里，潮平波浩渺”等句，描写大海涨潮的宏大景象，词作被刻入廨舍，但后来毁于战火之中。

昌国这个地方“介居巨海之中”“其地瘠卤，不宜于耕，故民多贫”，虽有渔盐之利，但是不能保证稳定的收获。柳永在晓峰盐场的任上，亲眼目睹了盐民的贫苦，写下了七言古诗《煮海歌》（又作《鬻海歌》）：

鬻海之民何所营？妇无蚕织夫无耕。
衣食之源太寥落，牢盆鬻就汝输征。
年年春夏潮盈浦，潮退刮泥成岛屿。
风干日曝咸味加，始灌潮波塯成卤。
卤浓盐淡未得闲，采樵深入无穷山。
豹踪虎迹不敢避，朝阳山去夕阳还。
船载肩擎未遑歇，投入巨灶炎炎热。
晨烧暮烁堆积高，才得波涛变成雪。
自从潴卤至飞霜，无非假贷充糇粮。
秤入官中得微直，一缗往往十缗偿。

宋代煮盐之地称亭场，亭户亦称灶户，每户都有盐丁，熬成的盐要向官方缴纳一部分，折合充赋税。

周而复始无休息，官租未了私租逼。
驱妻逐子课工程，虽作人形俱菜色。
鬻海之民何苦辛，安得母富子不贫。
本朝一物不失所，愿广皇仁到海滨。
甲兵净洗征输辍，君有馀财罢盐铁。
太平相业尔惟盐，化作夏商周时节。

《煮海歌》前有小序点明题旨，“悯亭户也。”第一部分“鬻海之民何所营？妇无蚕织夫无耕。衣食之源太寥落，牢盆鬻就汝输征”写盐户们没有养蚕织布和从事农业劳动的条件，只好以熬盐为衣食之源。第二部分从“年年春夏潮盈浦”至“虽作人形俱菜色”，写出了盐民艰苦的劳动和穷困痛苦的生活。柳永详细地写下了熬盐的整个劳动过程，每年等到春夏的潮水退去以后，就把含有盐分的泥刮成大堆，“潮退刮泥成岛屿”，经过风吹日晒，又把它“灌潮波塯成卤”，同时早出晚归，深入到有野兽出没的深山里去伐木煮盐，费尽千辛万苦，好不容易才把食盐煮好。虽然盐户辛苦劳作，但他们的生活还是非常穷苦，在盐生产出来之前，他们要借贷为生，所以受到高利贷的盘剥，但即使驱妻逐子去拼命劳动，也无法改善生活，“虽作人形俱菜色”，何等悲惨。在第三部分，柳永对盐民寄寓了深深的同情，并希望国家能减轻赋税徭役，“化作夏商周时节”，恢复“三代之治”。

老人星，又称寿星，“为人主占寿命延长之应”，历来视为祥瑞。

应制指古代由皇帝下诏命令作文赋诗的一种活动，主要目的是娱帝王、颂升平、美风俗。

钱锺书在《宋诗选注》里说，柳永的这一首《煮海歌》“跟王冕《伤亭户》可以算宋元两代里写盐民生活最痛切的两首诗。”从《煮海歌》可以看出，柳永不仅在词的创作上有很高的成就，其诗歌写作也达到了较高的水平。柳永不仅为秦楼楚馆的歌妓歌唱，也不仅为自己羁旅行役的命运叹息，他的作品还记录了底层人民痛苦的呻吟，表现出仁宗太平盛世的另一面。清人朱绪认为此诗“洞悉民瘼，实仁人之言。”

柳永在昌国的官声极佳，《昌国州图志》将柳永列为《名宦》，今人叶嘉莹曾说：“综观有宋一代前后三百余年，而被此书记入《名宦》者，不过寥寥四人，而柳永居其一，亦足见柳永在当地的政绩为人民所怀念了。”此后，柳永还曾任泗州判官等职，但纵然有填词的才华，有治理的才能，有极好的官声，柳永还是“久困选调”，十年间一直只是一个卑微的幕职官。

这又是他填词惹的祸。当时入内都知（宫中宦官首领）史某赏识柳永的才华，同情其潦倒的命运，一直想找机会推荐他。有一年秋天，天文官奏称老人星出现。仁宗于禁中设宴，命左右词臣为乐章。史某趁机叫柳永写一首应制的词献给仁宗。柳永觉得这是一个表现才华的绝佳机遇，所以“欣然走笔，甚自得意”，写成《醉蓬莱》：

渐亭皋叶下，陇首云飞，素秋新霁。华阙中天，锁葱葱佳气。嫩菊黄深，拒霜红浅，近宝阶香砌。玉宇无尘，金茎有露，碧天如水。　　正值升平，万几多暇，夜色澄鲜，漏声迢递。南极星中，有老人呈瑞。此际宸游，凤辇何处，度管弦清脆。太液波翻，披香帘卷，月明风细。

这首词在艺术上颇有可圈可点之处。上阕首三句化用南朝柳恽《捣衣诗》“亭皋木叶下，陇首秋云飞”，写秋光之明净，接着写秋光下皇宫安宁祥和的气象。下阕写皇帝出游，亦借“夜色澄鲜”“管弦清脆”“月明风细”等景物以及老人星的出现等，寓意国泰民安。词作意在颂圣，所以密集用典，多用对偶，追求庄重典雅、富丽堂皇的艺术风格。

柳永是一个杰出的词人，但在歌功颂德方面明显有“短板”。北宋文学家胡仔这样质疑《醉蓬莱》的写景：“‘嫩菊黄深，拒霜红浅’，竹篱茅舍间，何处无此景物？”此处的问题还不是写景贴切与否，而是这首词的景色描写，细腻幽微，呈现的是文人趣味，而非贵族气象，皇帝是不会喜欢的。这还只是小错误，真正“拍马屁拍到马脚上”的，是这首词忤旨犯忌了。柳永在词中用了“翻”字，而据宋人的记载，宋代皇帝特别反感“危”“乱”“倾”“覆”“崩”等字，当然也不会喜欢“翻”字；词首的“渐”字可能又让皇帝联想到“大渐”（即病危意）；至于“宸游，凤辇何处”，又不巧与皇帝自己写给真宗的挽词暗合，所以皇帝很生气，一把将词作摔到地上。

不仅是语言犯忌，《醉蓬莱》的创作与进呈的过程也犯忌了。陈师道《后山诗话》记载：

在宋代磨勘制度中，文官官阶分为“选人”与“京朝官”两大层次。选人分为四等七阶，经考核合格后升为京官，即为“改官”，由京官升为朝官称“转官”。

> 三变闻之，作宫词号《醉蓬莱》，因内官达后宫，且求其助。仁宗闻而觉之，自是不复歌其词矣。

柳永在宫中宦官史某的帮助下以《醉蓬莱》应制，引起了仁宗的警觉。内官与外朝的往来历来为皇帝所忌。所以，《醉蓬莱》事件之后，“（柳）永自此不复进用。”

从景祐元年（1034年）中第释褐任睦州推官开始，到庆历三年（1043年），柳永蹉跎于幕职官8年有余，“三任六考”已届期满，完全符合磨勘改官的资历条件，然而还是没有得到升迁。宫禁森严，消息难通，当时的柳永恐怕未必清楚他困顿于仕途的真正原因。也许，皇权就这样以恩威莫测、喜怒无常的神秘感，让他再次尝到了命运的不堪与屈辱。但他并不甘心，一直寻找机会努力申诉。

正好，庆历三年三月，晏殊为平章事兼枢密使，居于相府。晏殊其人，“平居好贤，当世知名之士如范仲淹、孔道辅，皆出其门。及为相，益务进贤材，而仲淹与韩琦、富弼皆进用”，是一位乐于汲引后进、提拔贤才的伯乐。对于文学之士，他也优容奖掖。他注意到壁间题诗的王淇，并因为王淇帮他对出“无可奈何花落去”的下句“似曾相识燕归来”，就将其辟为幕僚，授以馆职。而且晏殊自己还是著名的词人。这些让柳永看到了希望，于是，他满怀希望地前去拜谒晏殊，请他帮忙改官的事，不料却碰了一鼻子的灰，在张舜民的《画墁录》中记载：

柳三变既以词忤仁庙，吏部不放改官，三变不能堪，诣政府。晏公曰：“贤俊作曲子么”？三变曰：“只如相公亦作曲子。”公曰：“殊虽作曲子，不曾道‘彩线慵拈伴伊坐。’”柳遂退。

晏殊在见柳永时，并不谈政治时事，反而明知故问，问柳永有没有写词。晏殊身为宰相，完全可能了解柳永被黜的内情，所以他借发问暗示柳永，背后暗含着明显的告诫意味。但柳永显然没有听出晏殊的话外之音，反而试图借写词这一共同爱好来攀附关系：“只如相公亦作曲子”，不料这话惹怒了晏殊。

在北宋初年，词体的地位还比较低，一般人视之为艳科小技，钱惟演曾戏称：“上厕则阅小词”，胡寅《题酒边词》也说，宋初词体，“方之曲艺，犹不逮焉”“文章豪放之士，鲜不寄意于此者，随亦自扫其迹，曰谑浪游戏而已也。”对于士大夫来说，虽然他们也偶尔填词，但他们内心认为这是一种不登大雅之堂的游戏，是帷幕之后的私人饮宴生活的副产品，是一种不宜公之于众的行为。他们偶尔写词后，“随亦自扫其迹”，随手抛弃，省得遭到非议。如王安石就曾质疑晏殊：“为宰相，为小词乎？”所以柳永不识时务，说“只如相公亦作曲子”，揭发晏殊也曾作词的秘密，就让晏殊下不了台。于是晏殊就反驳并指责道，他虽然作词，却不曾像柳永作“彩线慵拈伴伊坐”那样的词。晏殊的指责让柳永猛醒：他们二人虽然同为词人，但彼此之间的审美趣味和人生理念之差异判若云泥，不可能产生“理解之同情”，又何来提携汲引？所以柳永最终失望而去。

“彩线慵拈伴伊坐”又作“针线闲拈伴伊坐”，是柳永

《定风波》词中的一句，全词如下：

> 自春来，惨绿愁红，芳心是事可可。日上花梢，莺穿柳带，犹压香衾卧。暖酥消，腻云亸，终日厌厌倦梳裹。无那。恨薄情一去，音书无个。　　早知恁么。悔当初、不把雕鞍锁。向鸡窗、只与蛮笺象管，拘束教吟课。镇相随，莫抛躲。针线闲拈伴伊坐。和我。免使年少，光阴虚过。

晏殊在柳永众多的词作中，单举《定风波》加以讥讽，是因为这首词体现了柳永的典型艺术审美趣味和人生价值理念。

柳永在写作上“铺叙展衍，备足无余”。如这首《定风波》，为描写思妇之“懒”，费尽笔墨，层层写来。“自春来，惨绿愁红”写撩拨愁绪之春色，“芳心是事可可”写百无聊赖之心理，“日上花梢，莺穿柳带，犹压香衾卧”写思妇不愿起床之情态，“暖酥消，腻云亸，终日厌厌倦梳裹”写女子肌肤消瘦、鬓发散乱之形象，各层面各角度的叙写，只为突出其因“薄情郎”离去之后而产生的倦懒之态，可谓穷形尽相，发露无遗。晏殊的词作则显得较为蕴藉温润。如同样是写别后相思，晏殊有首《蝶恋花》，上阕“槛菊愁烟兰泣露。罗幕轻寒，燕子双飞去。明月不谙离恨苦，斜光到晓穿珠户。”女性的形象是隐约的，写景蒙眬，情感表现也相对克制含蓄，呈现出遗貌取神的韵味。在传统的文学观念里面，晏殊的这种写作方式较为“高雅”，柳永的显得相对“俚俗”，至于“彩线慵拈伴伊坐”（有的版本作“针线闲拈伴伊坐”），因为充满了闺房细节，在士大夫看来，简直是“淫靡”了。

而且，“彩线慵拈伴伊坐”包含的人生价值理念，也为晏殊这样的官僚阶层所反感。《定风波》借女子口吻，宣扬了这样的人生哲学：为什么要迷失在对功名利禄的追逐之中？和相爱的人厮守一生才是真正的幸福。这样的生活理想，同“才子词人，自是白衣卿相”“忍把浮云，换了浅斟低唱”一样，充满着对功名利禄、仕途经济的鄙夷。不管这种鄙夷是出自真心还是无奈自嘲，总之“忍把浮云，换了浅斟低唱”激怒了皇帝，而“彩线慵拈伴伊坐”则冒犯了晏殊。

晏殊7岁便能属文，被官员以“神童荐”，14岁时与进士千余人并试廷中，受到宋真宗嘉赏，赐同进士出身。30岁官拜翰林，宋仁宗朝官至同中书门下平章事（宰相）兼枢密使，一生基本称得上官运亨通，偶有仕途风波，也属于“茶壶里的风暴”，无甚波澜。对于柳永来说不堪重负的“名缰利锁”，对于晏殊而言却是实实在在的功名富贵。所以晏殊必然是官场体制最衷心的支持者与拥护者，也是“彩线慵拈伴伊坐”人生哲学最坚定的批判者和反对者。

柳永改官的努力，在晏殊这里是失败了。柳永自我反省，认为“柳三变”这个名字已经给皇帝和朝廷高官留下了极其不好的印象，再用它来谋求改官和升迁是难上加难了。于是，他将名字改为“柳永”，有同过去告别，“洗心革面”的深层意味，也有消除词名带来的不良影响的直接目的。

命运也在此时出现了转机。在他从晏殊府上回来不到两个月后，这年五月，朝廷下诏，从幕职、州县官擢拔人才充当京朝官，这给了柳永一个机会。十月，仁宗下诏同意对京朝官选人的

宋代初年，实行官名与职务分离的制度，有些官名如尚书、侍郎、中书舍人等都是仅有官名，但不任职，仅在叙迁时有作用，也称寄禄官；皇帝另外派遣如吏部尚书、知制诰等实际管理，称职事官。

进状进行复审和落实：

> 中外有陈叙劳绩，或诉雪罪状，中书批送有司者，谓之“送煞”，更不施行。自今宣令主判官详其可行者，别奏听裁。

在庆历之前，官员磨勘，如果认为审官院、三班院、流内铨等主管部门处置错误，可越级向中书、枢密院进状投诉，这也就是柳永拜访晏殊的原因之一。但中书、枢密院往往将进状批转原主管部门，叫作“送煞”。仁宗这次颁布诏书，对各主管部门所有进状一一复审，公正处理。柳三变已改名柳永，皇帝和各级长官对这个新名字没有成见，再加上他的确有“三任六考”的资历，而且政绩官声俱佳，所以，这一次，柳永得以通过磨勘，改官著作佐郎。

著作佐郎为寄禄官，并非实际职务。柳永改官之后，可能担任过余杭令。据《余杭县志》卷廿一《名宦传》记载：

> 柳永记者卿，仁宗景祐间余杭令，长于词赋，为人风雅不羁，而抚民清静，安于无事，百姓爱之。

“景祐”的纪年是错的，在改官之前，柳永的品位是正九品，不可能担任至少为从七品下的县令，余杭令只能是改官后的官职，但具体时间不详。从《余杭县志》的记载看，柳永任余杭令期间，为政清简，深受百姓爱戴。

据柳永侄子柳淇《宋故郎中柳公墓志》，柳永后来担任过灵

古代称官员交还官职，辞职回家为致仕。这种做法起源于周代，汉代以后逐渐形成制度。一般致仕年龄为70岁，如果有疾病可适当提前。

台县令，也曾任华阴县令。罗烨《醉翁谈录》庚集卷二说：

> 柳耆卿宰华阴日，有不羁子挟仆从游妓，张大声势。妓意其豪家，纵其饮食，仅旬日后，携妓首饰走。妓不平，讼于柳，乞判执照状捕之。

在华阴县令任上，柳永还为歌妓主持公道，但晚年的柳永词作较少。一是他多次因词惹祸，现在当官，更宜小心谨慎，“又岂知，名宦拘检，年来减尽风情”（《长相思》）。二是此时“狎兴生疏，酒徒萧索，不似少年时”（《少年游》），走到了生命的晚年，再也不复年少时的诗酒风流，他与歌妓的来往减少，词作也变少了。

乡关何处

仁宗皇祐四年（1052年），柳永转官屯田员外郎，屯田员外郎为文臣京朝官叙禄官阶，为从六品上，仍是一名官阶较低的京员。但这已经是柳永一生最高的职位了，后人因此称他为“柳屯田”。第二年，即皇祐五年（1053年），柳永70岁时致仕，离开官场。多年的游宦生涯，留给柳永的只有不尽的落寞与愁怨：

> 旧赏轻抛，到此成游宦。觉客程劳，年光晚。异乡风物，忍萧索、当愁眼。帝城赊，秦楼阻，旅魂乱。芳草连空阔，残照满。佳人无消息，断云远。

（《迷神引》）

游宦成羁旅。短樯吟倚闲凝伫。万水千山迷远近，想乡关何处。自别后、风亭月榭孤欢聚。刚断肠、惹得离情苦。听杜宇声声，劝人不如归去。

（《安公子》）

柳永曾经把科举中第、出仕为官当成了人生最大的目标，长期不第困扰着他，改官不成折磨着他，等到有一天真的中了第，当了官，却又意兴阑珊。这时的他可能终于明白，真正吸引他的，不是宦海官场的雕鞍征辔，而是秦楼绣阁深处那等待归人的灯火。

离开官场的柳永，又一次走向了漫长的旅途。这一次他策马登途，满目淡烟衰草，是前往年少时有斜桥红袖的江南，还是碧水丹山的故乡？其实，水遥山远，柳永已无力左右。他的生命之舟，最终停靠在长江边上的润州（今江苏镇江）。皇祐六年（1054年），柳永在贫病交加中、在远道迢递的异乡、在蛩吟如

柳永纪念馆外石刻

窀穸的意思是墓穴。窀原意为厚，穸原意为夜，厚夜引申为埋葬。

织的僧寺，永远闭上了双眼。

“千秋万岁名，寂寞身后事”，柳永在润州的僧寺去世后，殡葬无着，下世凄凉。据叶梦得《避暑录话》卷三载：“永终屯田员外郎，死旅殡润州僧寺。王和甫为守时，求其后不得，乃为出钱葬之。”葛胜仲也有类似记载：“王安礼守润欲葬之，藁殡久无归者。（陈）朝请市高燥地，亲为处葬具，三变始就窀穸。”王安礼字和甫，是王安石二弟，他在宋神宗熙宁八年（1075年）出任润州守，他在任上出钱安葬了柳永，此时距柳永去世，已经过了21年了。

第四章

柳永的词风

柳永的词是在北宋都市发展的基础上形成的，适应了当时人们的生活状况，反映了这种市井巷陌的景象，是在繁华的都市生活土壤上开出的璀璨世俗之花。

北宋的繁华尽情地展现在《清明上河图》中。汴河上商船云集，虹桥横跨其上，桥上车马来往如梭，街市商店鳞次栉比，酒楼林立，百肆杂陈，商贩密集，行人熙攘，反映出当时汴京已经达到极其繁华的程度。

高度发达的都市经济和庞大的新兴市民阶层，催生出属于都市和市民的文艺。传统的诗文，由有着较高文化修养的士大夫创作，或是谈论国家大事、治国理念，或是抒发个人的家国情怀，或是表现“高雅”的生活情趣，这些让市民阶层较难理解和接受。兴趣广泛、文化程度较低、生活在市井烟火中的市民阶层，喜欢更平实、活泼、题材新奇和富有娱乐性与刺激性的通俗文艺。《东京梦华录》里记载的瓦舍伎艺如小唱、嘌唱、般杂剧、诸宫调、商谜、合生、叫果子等，就是市民的最爱。但是还不够，他们还需要一种文艺，能全面歌咏出他们的时代、他们的生活、他们的情感。应当说，在北宋的都市生活中，词扮演和承担了这样一个角色。

同时，宋代都市的发展，造就了发达的公共文化空间。酒楼茶肆、勾栏瓦舍等地方吸引着社会各阶层的广泛参与。如北宋汴京的酒楼，不论风雨寒暑、白昼黑夜，一直人烟辐辏、车马骈阗，往来其间的，有普通的市民，也有士大夫，甚至有的酒楼还“迎接中贵饮食”，满足宫廷需求。由于参与阶层的广泛和多样，流行于都市公共文化空间的，当然不是“其曲弥高，其和弥寡”的阳春白雪般的诗文，而是既具有一定的艺术水准，又能为各参与阶层喜闻乐见，“入耳为佳，适听为快”的艺术形式。词体具有比诗文通俗而又比瓦舍伎艺文雅的文体特色和优势，能同时让社会各个阶层读者雅俗共赏，从而深入到社会的各个角落，受到各个阶层的普遍喜爱。在北宋社会，无论是皇宫的盛大宴会，还是文人的家宴结社，又或是市民的街头巷尾，都有文人填词、乐工谱词、歌妓唱词。

承平气象，形容曲尽

柳永主要生活的真宗、仁宗两朝，是北宋都市发展最为繁盛的年代。他在青年时期即离开家乡，漫游于富庶的江南，为“三吴都会”所倾倒，后来他到汴京应试，流连坊曲，吸收了流行于其间的都市民间音乐，并创作出大量的词作，“游东都南北二巷，作新乐府”，“为举子时多游狭邪，善为歌辞”，后来他的科名受到黜落，更是“纵游娼馆酒楼间，无复检约”，纵笔写下了大量深受社会各阶层欢迎的词作。虽然也有如仁宗、晏殊那样的上层人物对他的词作相当反感，甚至抱有敌视的态度，但不可否认，柳永的词是北宋都市繁荣发展的产物，也生动丰富地展示了宋代都市的面貌，可谓北宋都市的一部“诗史”。

柳永有很多直接反映北宋都市繁荣局面的词作，写得非常出色。曾经做过翰林学士的士大夫范镇有这样的感叹：“仁宗四十二年太平，（范）镇在翰苑十余年，不能出一语歌咏，乃于耆卿词见之。”柳永的词，比史官更传神更鲜明地展现了北宋都市万井千闾富庶的景象，“形容盛明，千载如逢当日”，可谓北宋太平时代的最佳歌手。

柳永写都市，不是泛泛下笔，而是抓住都市生活的“关键”，即能通过有代表性的生活场景，如民俗节庆、游赏宴乐等，来展现都市的繁盛。

宋人最重元宵节。节日期间，歌舞百戏，奇巧百端，日新耳目。“竞出新意，年异而岁不同”“锦锈填委，箫鼓振作，耳目

不暇接”“都下元宵观游之盛，前人或于歌词中道之”，而柳永词作《倾杯乐》即是歌咏京城的元宵节盛况：

禁漏花深，绣工日永，蕙风布暖。变韶景、都门十二，元宵三五，银蟾光满。连云复道凌飞观。耸皇居丽，嘉气瑞烟葱蒨。翠华宵幸，是处层城阆苑。　　龙凤烛、交光星汉。对咫尺鳌山、开羽扇。会乐府、两籍神仙，梨园四部弦管。向晓色、都人未散。盈万井、山呼鳌抃。愿岁岁，天仗里、常瞻凤辇。

元宵灯市的流光溢彩，游人弦管的欢声笑语，这种如同“狂欢节”一样的欢乐盛况，前人在笔记小说中也曾加以记载，“故族大家，宗藩戚里，宴赏往来，车马骈阗，五昼夜不止。每出必穷日，尽夜漏，乃始还家。”但以词作的形式呈现，艺术感染力更强，据《避暑诗话》记载，这首词曾经流入禁中，人“多称之”。

在行乐宴游风气的影响下，清明节也呈现了日常生活的世俗性：“四野如市，往往就芳树之下或园圃之间，罗列杯盘，互相劝酬，都城之歌儿舞女，遍满园亭，抵暮而归。”柳永《木兰花慢》就歌咏开封清明节日男女游乐之事：

拆桐花烂漫，乍疏雨、洗清明。正艳杏浇林，缃桃绣野，芳景如屏。倾城。尽寻胜去，骤雕鞍绀幰出郊坰。风暖繁弦脆管，万家竞奏新声。　　盈盈。斗草踏青。人艳冶、递逢迎。向路傍往往，遗簪堕珥，珠翠纵横。欢情。对佳丽地，信金罍罄竭玉山倾。拚却明朝永日，画堂一枕春酲。

词作如同一曲交响乐，上阕是春天郊外景色的秀丽华章和万家竞奏新声的欢乐乐章的交织接替，下阕是佳丽嬉游与游人酒食酣畅的嘉年华会。柳永词作以对节日风光全景细致的歌咏，再现了一派“承平气象”。应当说，他的词作最符合南宋词人张炎所说的“见时序风物之盛，人家宴乐之同”。

写都市，自然也要写都市的游赏。如金明池是著名的皇家园林，位于汴京城外，池中可通大船，为水军演练场。仁宗时，每年三月初一后，开放金明池，允许士庶游赏，“游人还往，荷盖相望”，热闹非常。甚至有时皇帝的车驾也会临幸金明池。金明池的游赏之乐，非常典型地体现了北宋社会升平时代的繁盛局面。柳永的《破阵乐》对此场景，极尽渲染之能事：

> 露花倒影，烟芜蘸碧，灵沼波暖。金柳摇风树树，系彩舫龙舟遥岸。千步虹桥，参差雁齿，直趋水殿。绕金堤，曼衍鱼龙戏，簇娇春罗绮，喧天丝管。霁色荣光，望中似睹，蓬莱清浅。　　时见。凤辇宸游，鸾觞禊饮，临翠水，开镐宴。两两轻舠飞画楫，竞夺锦标霞烂。罄欢娱，歌《鱼藻》，徘徊宛转。别有盈盈游女，各委明珠，争收翠羽，相将归远。渐觉云海沈沈，洞天日晚。

词作不过130余字，却宛如一幅气象万千的都市风情工笔画。上阕细致地将罗绮一般旖旎的春光中的花色、树影、虹桥等景色一一写来，光色艳发；下阕则将皇帝临幸金明池，赐宴群臣，龙舟竞渡夺标、群臣咏唱、游女拾翠等场景描写得呼之欲出。

自唐中叶起，中国的经济重心逐渐向南方转移，而江南地区的苏州、杭州两大都市因缘际会，在日益活跃的经济活动与秀丽的自然环境互相映衬下，成就了“上有天堂、下有苏杭”

的美名。柳永《望海潮》表面上写的就是杭州的湖光山色、豪奢繁华，实质上，则将一个王朝鼎盛时代的“承平气象，形容曲尽”。

平康巷陌，触处繁华

在中国古典文学中，不乏描写都市的作品，如汉代班固《两都赋》、张衡《二京赋》，唐代卢照邻《长安古意》、骆宾王《帝京篇》等等。而柳永则在北宋都市的大舞台上，用词体这一别具魅力的艺术形式，歌咏出都市的万千风情，取得了不同于前代，并深具个人特色的艺术成就。

柳永以都市为题材的作品之所以别具一格，是同他的都市情感体验紧密联系在一起的。班固《两都赋》有着强烈的政治目的，对长安、洛阳城市盛况的描绘，最终是为了批评旧的京都意识，确立新的京都观。新的京都观是什么？是“去后宫之丽饰，损乘舆之服御，抑工商之淫业，兴农桑之盛务。”张衡《二京赋》中，对品物之盛、享乐态度以及都市奢靡生活也表达了否定的态度。卢照邻《长安古意》在铺陈长安争竞豪奢、追逐享乐的生活之后，陡然转折出“节物风光不相待，桑田碧海须臾改。昔时金阶白玉堂，即今惟见青松在”的感慨，寄寓着对都市骄奢生活的批判。骆宾王《帝京篇》也以“当时一旦擅豪华，自言千载长骄奢。倏忽抟风生羽翼，须臾失浪委泥沙”等语，否定了他所描写的都市生活。

与他们不同，柳永词中都市的享乐与纵游，不再是骄奢淫逸的罪恶，反而充满了世俗的狂欢。都市在他看来，就是豪奢的竞技场：“市列珠玑，户盈罗绮。竞豪奢。”（《望海潮》），就是幕天席地漫山遍野的欢乐："浓欢无价。任他美酒，十千一斗，饮竭仍解金貂贳。恣幕天席地，陶陶尽醉太平，且乐唐虞景化。"（《抛球乐》），"倾城。尽寻胜去，骤雕鞍绀幰出郊垧。风暖繁弦脆管，万家竞奏新声。"（《木兰花慢》），更是真实可感的蓬莱仙境："霁色荣光，望中似睹，蓬莱清浅"（《破阵乐》），"云中鼓吹，游遍蓬莱"（《玉蝴蝶》）。对于都市的种种，柳永从不曾加以否定、反省甚或批判，他积极拥抱都市的一切，并且纵游其间，如同沉浸在一个最奢侈的梦境中，久久不愿醒来："太平时，朝野多欢民康阜，随分良聚。堪对此景，怎忍独醒归去。"（《抛球乐》），"醉乡深处，须尽兴、满酌高吟。"（《夏云峰》），"愿天上人间，占得欢娱，年年今夜。"（《二郎神》）。

对于其他诗人来说，都市特别是京城，往往是政治的符号：

总为浮云能蔽日，长安不见使人愁。（李白《登金陵凤凰台》）

夔府孤城落日斜，每依北斗望京华。（杜甫《秋兴八首》其二）

请君休说长安事，膝上风清琴正调。（白居易《赠谈客》）

在诗人们看来，京城（长安是唐朝的首都）是庙堂的所在，是事业进取的中心，是厌倦仕途后不愿再提及的过往。柳永的词作也经常写到汴京，但他很少将其作为政治的意象使用，汴京更多的是与繁华的风物、一去不复返的青春和甜蜜的爱情紧紧联系在一起，如：

想帝里看看，名园芳树，烂漫莺花好。追思往昔年

少。（《古倾杯》）

帝里。闲居小曲深坊，庭院沉沉朱门闭。（《郭郎儿近拍》）

别久。帝城当日，兰堂夜烛，百万呼卢，画阁春风，十千沽酒。（《笛家弄》）

帝里。风光当此际。正好恁携佳丽。（《内家娇》）

恋帝里，金谷园林，平康巷陌，触处繁华。（《凤归云》）

帝里风光好，当年少日，暮宴朝欢。（《戚氏》）

所以，柳永关注的是都市的世俗生活、日常细节，他笔下的都市除了“高、大、上”的描写外，还有着浓浓的人间烟火味。柳永看待都市的眼光，除了向上看庙堂高耸宫阙巍然外，还向下看到了小曲深坊里追逐过的风尚，看到了平康巷陌中涌动起的欲望，看到了一个个歌妓的欢笑与眼泪。

北宋都市的巷陌之间，常常有“浓妆妓女数百，聚于主廊檐面上，以待酒客呼唤。”在酒楼里，甚至有下等妓女，“不呼自来筵前歌唱”。仅汴京开封一地，“鬻色户将及万计”。都市民间的丝竹歌笑之声，甚至让皇宫中人羡慕不已。

歌妓是北宋都市妖艳的“恶之花”。歌妓制度本身是罪恶的，歌妓的命运值得同情。但不可否认，浇灌这朵“恶之花”的，是北宋发达的商业经济活动。以女性和女性的色貌才艺为中心的歌舞酒色，是都市生活的日常，是世俗欲望的表露，也是艺术与商业的合谋。

所以，浸淫其间的柳永，其词的都市叙事有着浓厚的世俗化与艳情化特征。歌妓以及与歌妓的交往催生了他的创作，也塑造了他的创作特性，并成为他词作的主要内容之一。在本书第二章谈及柳永青年时期的冶游生活时，曾用较多的篇幅叙述了柳永与歌妓的交往，以及柳永歌妓词的写作特色。这里还可以补充一些内容。

柳永写歌妓的词作沾染了北宋都市特有的商业气息。他的词既有对歌妓的色貌才艺的描写，心性品格的夸赞，对她们情感的表达也是真挚感人的。但不可讳言，他与歌妓的交往，始于商业关系——“千金买笑”：

莫道千金酬一笑，便明珠，万斛相邀。（《合欢带》）

有天然，惠质兰心，美韶容，何啻值千金。（《离别难》）

算等闲、酬一笑，便千金慵觑。（《迷仙引》）

算赠笑千金，酬歌百琲，尽成轻负。（《引驾行》）

“一笑千金”或“千金买笑”，原本不过是“一笑难得”的喻说。在柳永的词中，却增添了商业交换的内容。柳永以千金买笑，而众歌妓“爱其（柳永）有词名……多以金物资给之”，以金钱求得柳永的词作与品题延誉。双方是一种商业关系。商业的基本精神，是自由公平等价的交换。所以，柳永与歌妓交往，是平等且互惠的。只有平等的关系，才有可能在长期交往之后，产生相惜相知之感：

自古及今、佳人才子，少得当年双美。且恁相偎倚，未消得怜我，多才多艺。（《玉女摇仙佩》）

未同欢，寸心暗许，结前期、美人才子，合是相知。（《玉蝴蝶》）

凤枕鸾帷，二三载，如鱼似水相知。（《驻马听》）

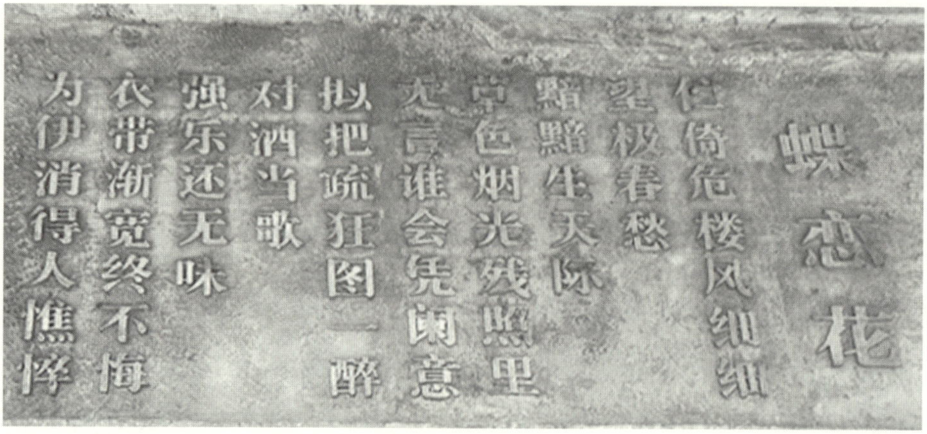

《蝶恋花》

由于平等的交往，彼此的欣赏，所以柳永的词作不仅写下了歌妓的色貌才艺，也深入歌妓委屈的内心世界，诉说她们的爱情与祈愿：

眼前时，暂疏欢宴，盟言在、更莫忡忡。待作真个宅院，方信有初终。（《集贤宾》）

一场寂寞凭谁诉，算前言，总轻负。早知恁地难拚，悔不当时留住。其奈风流端正外，更别有，系人心处。一日不思量，也攒眉千度。（《昼夜乐》）

拟把疏狂图一醉，对酒当歌，强乐还无味。衣带渐宽终不悔，为伊消得人憔悴。（《蝶恋花》）

早知恁么。悔当初、不把雕鞍锁。向鸡窗、只与蛮笺象管，拘束教吟课。镇相随，莫抛躲。针线闲拈伴伊坐。和我，免使年少、光阴虚过。（《定风波》）

柳永“以男子而作闺音”。他的词作有时会隐去作者身份，直接以女性的口吻，表达内心的情感，委曲而熨帖。这些词作，与“凛然谈经史节义及政事设施”的诗文有着天壤之别，词作讲述“凡夫俗女”的爱情，诉说“偎香倚暖”的愿望，平凡而甜蜜，琐细而快乐，代表着都市众生朴素真实的愿望，显示着生活的本真、市井的活力，为北宋都市文化增添了多元的色彩。

因此在柳永的词中，我们不仅可以看到北宋都市繁华的街市，还看到了街市上熙攘的人群，听到市井喧嚣，甚至他们的喜怒哀乐都清晰可辨。北宋都市生活的神韵，不就展现在柳永词作中那男男女女的一颦一笑之间吗？

形容盛明，千载如逢当日

唐代著名文学家韩愈曾经感叹：“欢愉之辞难工，而穷苦之言易好。”韩愈总结的是文学史上的常见现象。那些以痛苦、怨恨、批评为主题的作品似乎更容易打动人心，而那些表现繁华、欢乐、赞颂的作品，很容易陷于肤浅、肉麻和庸俗的境地。但柳永似乎是个特例，他的词不但将北宋都市的繁华神韵呈现出来，而且在后世广为流传，何以如此？

这得益于柳永卓绝的艺术才华。在他之前，词作中对于都市文化、“承平气象”的表现还是比较少见的。柳永以其卓绝的艺术才华，改造了词体的形式，发展了慢词长调，提升了词的表现能力。其词多用赋体，擅长于铺叙展衍。如《望海潮》，写物图貌，从都市形胜到山水美景，无不蔚似雕画；铺采摛文，则从四时风光到昼夜笙歌，无不层层铺叙，形容曲尽，真可谓“含不尽之意见于言外，状难写之景如在目前”。

北宋王禹玉的诗，被人称为至宝丹，是因为其诗句里喜欢堆砌珍宝词汇，如黄金必以白玉为对。有人请他做一做“富贵语”，他苦心思索好几天，写成“胫挺化为红玳瑁，眼睛变作碧

琉璃”一句，为世人所讥笑。无独有偶，晏殊也认为，“轴装曲谱金书字，树记花名玉篆牌”句，虽然金玉锦绣，实际类似乞丐摆阔，反不及“楼台侧畔杨花过，帘幕中间燕子飞”“梨花院落溶溶月，柳絮池塘淡淡风”等有富贵气。可见，诗词里的“富贵气”绝不是简单的堆金砌玉。柳永显然深谙此道。他的词作虽然铺叙展衍，却不是简单地堆砌耀人眼目的形容词，也不是一味夸耀粉饰，从而把北宋社会描写成“堆金积玉地，富贵温柔乡”。柳永的词作减少了“形”的描绘，而重在写出北宋太平盛世的“神”。如《望海潮》中最为人称道的，倒是“三秋桂子，十里荷花”这样平易自然的词句。据说，柳永去世七八十年后，金国皇帝完颜亮听到这首词，欣然有慕于“三秋桂子，十里荷花”的胜境，竟然勾起了“投鞭渡江”的南侵之心，足见柳永词作的艺术感染力，不在于铺锦列绣，而在于传神取韵。

柳词的传神取韵，还在于写景状物或叙事时始终着眼于人的体验与感受。他的许多词都写下了太平盛世里人民的欢乐。如：

太平时，朝野多欢民康阜。（《迎新春》）

太平时，朝野多欢。遍锦街香陌，钧天歌吹，阆苑神仙。（《透碧宵》）

玉城金阶舞舜干。朝野多欢。九衢三市风光丽，正万家，急管繁弦。凤楼临绮陌。（《看花回》）

恣幕天席地，陶陶尽醉太平，且乐唐虞景化。（《抛球乐》）

我们可以看到，柳词绸缪宛转，百变不穷，但始终属景切情，将艺术表现落实在人的情感描写上。周济《宋四家词选》说，柳词于写景中见情，故淡远。柳永写作时并不是一味歌颂皇恩、铺叙景物、吹嘘个人的虚荣生活或炫耀富贵气象，而是从内心感受出发，突出“盛世”下世俗生活的真实细节，才足以打动人心。

北宋时，同是福建人的黄裳在《演山集》中说：

> 予观柳氏乐章，喜其能道嘉祐中太平气象，如观杜甫时，典雅文华，无所不有。是时予方为儿，犹想见其风俗，欢声和气，洋溢道路之间，动植咸若。令人歌柳词，闻其事，听其词，如丁斯时，使人慨然所感。呜呼，太平气象，柳能一写于乐章，所谓词人盛世之黼藻，岂可废也？

将柳永与杜甫相提并论，也许有偏爱的成分。然而诚如黄裳所言，柳永的词作是盛世中不可或缺的歌咏，因为他能将北宋都市的繁华神韵成功地反映出来，使读者有一种身临其境之感。

定风波
雨霖铃

第五章

柳词的艺术成就

柳永的词顺应了词体历史发展的大趋势，在体制上对词的发展做出了巨大贡献，取得了超越前代、独具特色、雅俗共赏、深入人心的艺术成就。

燕，同宴，燕乐原指宴饮宾客时所用的音乐，是一种流行的俗乐。

虽然叶梦得《避暑录话》曾说“（柳永）亦善他文辞”，指出柳永在词体之外也有较出色的创作，可惜这些文辞没有得到整理流传，只留下了两三首诗，散见于宋人笔记和地方志中。柳永一生主要致力于词的写作，有词200多首，取得了很高的艺术成就，受到了千百年来各个阶层读者的喜爱，得到广泛的传播，并深刻地影响了词史的发展。

慢词至柳永而大盛

我们知道，唐代的诗歌繁荣发展，取得了辉煌的成就，唐诗似乎穷尽了一切表达的可能，以至于后代诗人面对这一丰厚的艺术遗产时不免感叹：“古来佳句本无多，苦恨前人已说过。”于是，文人们需要在其他艺术形式上寻找可能的创新，词体的兴起回应了这种需求。正如王国维所说：“盖文体通行既久，染指遂多，自成习套。豪杰之士，亦难于其中自出新意，故遁而作他体，以自解脱。”文人们开始关注诗之外的另外一种新兴的艺术体式——词，并投入了词的写作之中，虽然诗体并没有因此消亡，但词体却从此得到了长足的发展。

词体起源于盛唐民间，经过中晚唐一些著名诗人的努力，逐渐成熟定型。词体与音乐的关系非常密切，唐宋词配合的音乐主要是燕乐。诗人们根据乐曲填词，所用曲谱遂兼为词调。乐曲的节奏有急、慢的不同，词调有令词、慢词的区别。

柳永纪念馆《一代词宗》牌匾

令词，又称小令。令，来源于以歌舞用作佐酒侑觞的酒令，酒令意在催促饮酒，节奏一般较急促，所以令词一般调短字少。

依慢曲谱填写的词称为“慢词”，部分慢词在词调名上还保留了“慢”字，如《声声慢》《木兰花慢》《石州慢》《拜星月慢》等。虽然长调不一定是慢词（个别令词的字数也比较多，如《六幺令》96字，《胜州令》215字），但大多数的慢词都属于长调。

在晚唐五代直至宋初，令词得到了充分的发展。花间词、南唐词都是令词。敦煌词与《尊前集》虽有长词慢曲，但为数不多。一直到北宋初年，词人创作仍是以令词为主。宋初的欧阳修、晏殊、晏几道等人，在令词的写作上取得了很大的成就，他们往往能借令词精致纤巧的体制表达含蓄委婉的内容，取得言短意长、余韵悠然的艺术效果。但毕竟令词的篇幅相对短小，还不足以表现广阔丰富的社会生活内容、复杂多变的情感心理等。

慢词出现的时间不算晚，甚至与令词难分先后。王灼《碧鸡漫志》说：“唐中叶渐有今体慢词。”唐代的敦煌曲子词里便出现了《凤归云》《内家娇》《倾杯乐》等慢词。中晚唐也有一些词人写作慢词，如杜牧的《八六子》、李存勗的《歌头》、尹鹗的《金浮图》等。但他们对于慢词的艺术特性还把握不足。与柳永同时代的词人张先，虽然创作了较多慢词，但使用的仍是创作令词的方法，未能发挥出慢词体制的优势。

与令词相比，慢词有许多长处。慢词曲调缓慢，旋律婉转悠扬，摇曳多变："如娇女步春，旁去扶持，独行芳径，徙倚而前。一步一态，一态一变。"慢词的字数通常都在90字以上，最短的《卜算子慢》89字，最长的《莺啼序》达240字。字数多，体式更大，容量更大，可以兼用叙述、描写、抒情等艺术手段，有更强的艺术表现力。

但在唐五代直至宋初，慢词的发展一直比较缓慢。这主要有两方面的原因：一方面，慢词有着不同于令词的创作方法，词人一时间还无法适应。宋代词人张炎曾感叹："慢曲不过百余字，中间抑扬高下，丁、抗、掣、拽，有大顿、小顿、大住、小住、打、揹等字，真所谓上如抗，下如坠，曲如折，止如槁木，倨中矩，句中钩，累累乎端如贯珠之语，斯为难矣。"慢词调长拍缓，旋律变化复杂，有双调，三叠、四叠，其中又有换头、双拽头等，体式相对复杂，因此在构思、结构布局、写法方法等方面都有较高的要求，正如张炎所说："作慢词，看是甚题目，先择曲名，然后命意。命意既了，思量头如何起，尾如何结，方始选韵，而后述曲。最是过片，不要断了曲意，须要承上启下。"对于习惯了令词创作的词人来说，要适应慢词的创作特性，还需要一段时间。

另一方面，则与词人们的观念有关。《宋史·乐志》说北宋时"民间作新声时甚众"。柳永的词作，记载了北宋时市井新声竞繁的盛况：

是处楼台、朱门院落，弦管新声腾沸。（《安公子》）

风暖繁弦脆管，万家竞奏新声。（《木兰花慢》）

坐久觉，疏弦脆管，时换新音。（《夏云峰》）

与慢词相配合的北宋民间流行的新声，不同于我国传统的古乐，属于俗乐，流行于市井之间，还未得到主流（官方及士大夫等）的认可，“民间作新声者甚众，而教坊不用。”再加上其“间以优杂荒艳之文，闾巷谐隐之事”，所以虽然慢词在民间广受喜爱，但传统文人还是谨慎地与其保持距离。

柳永的出现，改变了这一局面。

清人宋翔凤《乐府余论》云：

词自南唐以后，但有小令。其慢词盖起宋仁宗朝。中原息兵，汴京繁庶，歌台舞席，竞赌新声。耆卿失意无俚，流连坊曲，遂尽收俚俗语言，编入词中，以便伎人传习，一时动听，散播四方。其后东坡、少游、山谷辈相继有作，慢词遂盛。

与正统文人相比，柳永是个风流浪子，对“狭邪之曲”没有成见，甚至还非常喜爱。他长期流连于秦楼楚馆，恣情游宴，与乐工及歌妓非常熟悉，能最早接触到民间新声，加之他有着乐工歌妓们所不及的文化素养和创作才华，所以乐工歌妓们一得到新乐曲，便请他谱词。柳永通过为民间新声谱词，以及李清照所说的“变旧声作新声”，改制和增衍旧曲，创作了大量慢词。

在两宋词坛上，柳永是创用词调最多的词人。《乐章集》200多首，凡16种宫调，150曲（曲名同而宫调异者，仍别作一曲），所增新声绝大多数是长调慢曲。在宋代所用880多个词调中，有100多个调是首见于柳永词的。柳永创制新调，发展了慢词，并吸引了大量的追随者，结束了晚唐五代以来小令占据词坛统治地位的局面。而柳永也完备了慢词的体制，如宋人赵以夫所说："唐以诗鸣者千余家，词自《花间集》外不多见，而慢词尤不多。我朝太平盛时，柳耆卿、周美成羡为新谱，诸家又增益之，腔调备矣。"

词体的完备与成熟，既是宋词发展史上的里程碑，也是后代词人在艺术内容与艺术技巧上继续开拓的基石。

纤艳之词而多近俚俗

柳永不仅在体制上对词的发展做出了贡献，同时还将词从贵族的"文艺沙龙"引向市井坊曲，以纤艳俚俗之语而达到俗不伤雅、雅不避俗的境界，使词体获得了更广泛的传播。

词体起源于民间，原本是用来歌唱普通百姓的心声，有着浓厚的生活气息。但晚唐五代，词逐渐成为贵族"文艺沙龙"的产物，主要表现的还是文人、士大夫的生活情趣。如花间词，其作用是"将使西园英哲，用资羽盖之欢"（《花间集序》），是为贵族游宴畅饮而助兴服务的。又如南唐君主李璟、李煜以及大臣冯延巳等人的词，表现的都是"尚文雅"的情趣。

柳永是一位失意的下层文人，他的词作一改文人清高的积习，重返市井坊曲，开始用俚俗的语言去表现市民的生活与情感，呼应了世俗的审美需求，体现出浓厚的"世俗化"特点。

柳永所塑造的人物形象，不再是传统的文人、士大夫，其笔下的男性形象，更多的是流连于秦楼楚馆的落魄才子；其词中的女性形象，也不再是"懒起画蛾眉"的贵妇，而是处于社会底层的歌妓。词作中所表达的也不再是传统词作所肯定和展现的人生价值，背弃了儒家正统的治国平天下的宏大志向，转而追求一种

“醉乡风景好，携手同归”的世俗理想。如：

况已结深深愿，愿人间天上，暮云朝雨长相见。（《洞仙歌》）

怎生得依前，似恁偎香倚暖，抱着日高犹睡。（《慢卷绸》）

愿奶奶，兰心蕙性，枕前言下，表余深意。为盟誓：今生断不孤鸳被。（《定风波》）

柳永对于世俗社会理想的表现，是通过情爱题材来完成的。这类通俗文艺很受市民阶层追捧，也最典型集中地反映了世俗社会的价值取向。柳永在词中热情赞扬了“凡夫俗女”的爱情理想，也记录了这些“小人物”的悲喜爱恨，为他们立传写心。这使词在内容题材和审美情趣上开拓了一片全新的领域，为宋词、元曲的俗化起到了先导作用。

黄昇说柳永“长于纤艳之词，然多近俚俗”，指出柳词除了情爱题材和由此形成的纤艳风格之外，还有语言俚俗的特点。的确，柳词能够受到都市民间社会的欢迎，同其俚俗色彩也有密切的关系。

柳永“流连坊曲，遂尽收俚俗语言，编入词中，以便伎人传习，一时动听，散播四方”。他吸收了民间俚俗但富有表现力的语言，其词作“词语尘下”，通俗易懂。柳词中经常出现一些日常口语和俚语，如副词“恁”“怎”“争”“如何”“无奈”“争奈”等，人称代词“我”“你”“伊”“自家”“伊家”“阿谁”等，动词“看承”“都来”“抵死”“消得”“赢得”等。他还应用了一些市井词汇如“甚时向”“便只合”“长只恁”“好生地”等，这些富有表现力的口语，读来亲切有味。

日常口语和市井俚语，在柳词中不只是点缀，它们是和柳

词整体的口语化风格融合在一起的。柳词纯用口语，明白如话，如：

愿常恁，好天良夜。（《洞仙歌》）

意中有个人，芳颜二八。（《小镇西》）

不早与伊相识。（《惜春郎》）

昨宵里，恁和衣睡。今宵里，又恁和衣睡。（《波罗门令》）

催促少年郎，先去睡。（《菊花新》）

因为柳永熟悉俚俗语言，他便引入这些为正统文人所不屑的“鄙语”，使词作明白如话家常，方便了歌妓的演唱，也扩大了词作的接受面，为词的通俗化做出了至关重要的贡献。

值得注意的是，柳词的“鄙语”，参与塑造了词作的人物形象。如词中有时会直接模拟人物语气口吻诉说情感：

系我一生心，负你千行泪。（《忆帝京》）

奈你自家心下，有事难见。待信真个，恁别无萦绊。（《秋夜月》）

长是夜深，不肯便入鸳被。与解罗裳，盈盈背立银缸，却道你但先睡。（《斗百花》）

柳词的代言拟声，声情并肖，这也是其“俗”的体现。此前的诗人或词人，写女性或女性之心声，往往是为了借此比兴，以实现“香草美人以喻君子，男女以比君臣”等政治上的寄托。但柳词并无更深的寓意，只是为了还原真实的人物形象，只是为了更淋漓尽致地展现市井中男男女女的内心世界与语言习惯。比起“词语尘下”“杂以鄙语”，这种对世俗男女心声的直接展露，更显其“俗”。

陈师道在《后山诗话》中称柳词“骫骳从俗”。骫骳是说他的词叙述婉转曲尽人情，而从俗则点出他从世俗之所好。这非常精确地概括了柳永的艺术特色。《四库全书总目提要》也说：“盖词本管弦冶荡之音，而（柳）永所作旖旎近情，使人易入，虽颇以俗为病，然好之者终不绝也。”由于“旖旎近情”，所以“使人易入”，读者容易接受。

这里还有另外两点值得一提，一是“以俗为病”，二是“好之者终不绝也”。

“以俗为病”也曾经受到许多论者的严厉批评。晏殊当面讥讽柳永“彩线慵拈伴伊坐”的情趣之俗。宋代学者王灼说柳词如同“都下富儿，虽脱村野，而声态可憎”，是对其浅卑近俗语言的否定。刘熙载认为是柳词多写艳情导致其俗，“惟绮罗香泽之态，所在多有，故觉风期未上耳”。而钱裴仲指出，是柳词备足无余的表现手法导致其俗：“柳词与曲相去不能以寸。且有一个意或二三见，或四五见，最为可厌。”

但《四库全书总目》也指出“好之者终不绝也”。柳词受到了广泛的欢迎，这又不能不归功于柳词的俗。柳永以其俗改造和发展了慢词的体制，词作音律谐婉、声情迟慢，又大量采用市井俚语，表达市井社会的生活与意趣，所以出现“凡有井水饮处，即能歌柳词”的盛况。《四库全书总目》又将柳永比成“词家之白居易”，王国维也有类似看法：“以宋词比唐诗……耆卿似乐天。”柳永之于宋词，正如白居易之于唐诗，都是以其卓绝的艺术成就推动了艺术的通俗化。

俗不伤雅，雅不避俗

然而，正如白居易的诗歌不是一个“俗”字即能概括，柳永的词，也不是仅限于“俗”。如柳词名篇《八声甘州》：

对潇潇暮雨洒江天，一番洗清秋。渐霜风凄紧，关河冷落，残照当楼。是处红衰翠减，苒苒物华休。惟有长江水，无语东流。　　不忍登高临远，望故乡渺邈，归思难收。叹年来踪迹，何事苦淹留。想佳人妆楼颙望，误几回、天际识归舟。争知我，倚栏杆处，正恁凝愁！

对此，晚清著名词家陈廷焯认为：“情景兼到，骨韵俱高，无起伏之情，有生动之趣，古今杰构，耆卿集中仅见之作。‘佳人妆楼’四字连用俗极。择言贵雅何不检点如是，致令白璧微瑕。”陈廷焯的“俗极”的批评是否恰当，姑且不论。但陈廷焯注意到此词除“俗极”之瑕外，也有“骨韵俱高”之雅。苏轼也曾指出柳词高雅的一面：“世言柳耆卿词俗，非也。如《八声甘州》云：‘霜风凄紧，关河冷落，残照当楼。’此语于诗句不减唐人高处。”

雅与俗，在许多人看来完全对立的美学风格，居然同时存在于柳词中。柳永的《戚氏》一词，有“暗想从前，未名未禄，绮陌红楼，往往经岁迁延”这样俚俗的句子，但王灼却读出了《离骚》的高雅：“《离骚》寂寞千年后，《戚氏》凄凉一曲终。”

那么，雅与俗的分界又在何处？如果以《离骚》“骨韵俱高”“不减唐人高处”为雅的话，实际上是以中上层的文人传统为雅，而以街头巷尾的通俗文学为俗。柳永虽然将词从贵族的文化沙龙引向了市井坊曲，但他的一部分作品仍达到了“俗不伤雅”和“雅俗共赏”的境地。

在语言上，柳永以市井俚俗之语入词，造成了词作“俗”的风格。但如果着意经营，以俚俗语入词，也可能俗不伤雅。有人评论苏轼的诗歌时说："如街谈巷说，鄙俚之言，一经坡手，似神仙点瓦砾为黄金，自有妙处。"柳永的部分词作，也有这个"妙处"。他常将俚俗之语，以骈句的形式加以表现，如：

梦枕频惊，愁衾半拥，万里归心悄悄。（《倾杯》）

寸心万绪，咫尺千里。（《婆罗门令》）

日上花梢，莺穿柳带……暖酥消，腻云亸……镇相随，莫抛躲。（《定风波》）

山路险，新霜滑。瑶珂响、起栖乌，金镫冷、敲残月……遥指白玉京，望断黄金阙。（《塞孤》）

愁云恨雨两牵萦，新春残腊相催逼。（《归朝欢》）

工整的对偶句使词作在形式上更显整饬与典雅，而又能在对句中贯穿以流动的意脉，形成了类似于流水对的灵动，也使词作音律谐美，意韵生动，在相当程度上淡化了"俚俗"之感。

通常认为，词体"逐弦吹之音，为侧艳之词"，柳永也因为纤艳之词而被人误解和歧视。实际上，柳永的部分词作，能以要眇宜修之词体展现诗的开阔宏大之意境。苏轼说《八声甘州》"不减唐人高处"，即是着眼于这一点。柳永的"陇首云飞，江边日晚"（《曲玉管》）、"云树绕堤沙，怒涛卷霜雪"（《望海潮》）、"断鸿声里，立尽斜阳"（《玉蝴蝶》）等，莫不有音情顿挫、骨气端翔的格调。

在题材上，除了"批风抹月"的"风月词""艳情词"外，柳永的都市词作，将北宋都市的"承平气象"写成乐章，为文人士大夫所激赏；而他的羁旅行役之作，由于创作于失意之中，或吊古伤今，或感怀身世，更有一种"贫士失职而志不平"的"宋玉悲感"，极易引起底层文人的共鸣。这两类词显然都属于"雅词"范畴。

铺叙展衍，开合起伏

不论是俗词，还是雅词，柳永在写作时一以贯之的，是独特的自成一家的表现手法和章法结构，从而形成了鲜明的艺术风格。

苏轼曾开玩笑地说秦观的《水龙吟》“小楼连苑横空，下窥绣毂雕鞍骤”之句用了13个字，才说得一个人骑马楼前过，还认为这和“销魂，当此际”（《满庭芳·晚景》）一样，是柳永的句法，是秦观学柳词的表现。他相当敏锐和准确地把握了柳词的精髓，即刻画细密、描写繁缛，这也即是李之仪所说的柳词有“铺叙展衍，备足无余”的特征。

铺叙展衍，即是以赋体作长调的艺术手法。“赋”“比”“兴”都是传统的诗歌表现手法。令词较多采用比兴之法，托物言志，言近旨远。而柳永则将赋法引入慢词长调。“赋者，敷陈其事而直言之也”，以赋法作词，切合了慢词长调宜于铺陈的体制，取得“词之言长”的艺术效果。

如唐代诗人孟浩然有首五言绝句《宿建德江》：“移舟泊烟渚，日暮客愁新。野旷天低树，江清月近人。”全诗20字，写秋色宿江边之愁绪，篇幅短小，语言简约。同样的情景，柳永写来，却要很长的篇幅，如《倾杯乐》词上阕：

> 鹜落霜洲，雁横烟渚，分明画出秋色。暮雨乍歇。小楫夜泊，宿苇村山驿。何人月下临风处，起一声羌笛。离愁万绪，闻岸草、切切蛩吟如织。

此词“鹜落霜洲”“雁横烟渚”“暮雨乍歇”“蛩吟如织”等等，只说得一个“秋”字。词中对秋景的描绘历历如图画：

"鹜落霜州"是一画，"雁横烟渚"又是一画，"暮雨乍歇"又如底色背景，将词人夜泊所见都沾染上惨淡秋色，"蛩吟如织"又在秋色之外，增添秋声。于是这一"秋景"在词中被如此反复渲染，真可谓"形容曲尽"。此词写情，也是情景交织、层层铺叙，先以秋景写悲，再以时间为线索，分别借"小楫夜泊"（漂泊之感）、"宿苇村山驿"（孤独之深）、"何人月下临风处，起一声羌笛"（愁绪未眠，触景伤怀）等，写尽"离愁万绪"。

又如《忆帝京》一词：

> 薄衾小枕凉天气。乍觉别离滋味。展转数寒更，起了还重睡。毕竟不成眠，一夜长如岁。　　也拟待、却回征辔。又争奈、已成行计。万种思量，多方开解，只恁寂寞厌厌地。系我一生心，负你千行泪。

这首词语言直白（而非隽永），意脉浅露（而非细密），又不惮繁复（而非言约意丰），似乎犯了诗词大忌。实际上，词的好处尽在看似犯忌实为创举的写法之中。词的上阕，"展转数寒更，起了还重睡"，通过写夜半无眠以映衬离别之痛苦，笔墨本来已经达意，但作者犹觉未足，复衍以"毕竟不成眠，一夜长如岁"句，写长夜如岁的失眠感受，更深化了夜半无眠的情境。词的下阕，又反复书写失眠时的所思所想，内心矛盾挣扎：是"回征辔"，与相爱的人厮守？还是继续前行，忍受别离的滋味？内心的渴望与现实的无奈不断拉锯，再一次写出了别离的痛苦。词作从初秋天气入笔，从人物的形态、动作直至心理活动，不断铺叙，层层深入，别离的一日九回肠，借此委曲道尽。

宋代沈义父有一本论作词之法的《乐府指迷》，其中一节说道：

> 炼句下语，最是紧要，如说桃，不可直说破桃，须

> 用“红雨”“刘郎”等字。如咏柳，不可直说破柳，须用“章台”“灞岸”等字。又咏书，如曰“银钩空满”便是书字了，不必更说书字。“玉筋双垂”，便是泪了，不必更说泪。如“绿云缭绕”“隐然髻发”“困便湘竹”，分明是簟。正不必分晓，如教初学小儿，说破这是甚物事，方见妙处。

沈义父的观点，代表了词坛上的一种审美取向，即要求通过琢字炼句的修辞手段，选择浓丽的字词来营造密丽的词风。晚唐的温庭筠，其《菩萨蛮》组词，“小山重叠金明灭，鬓云欲渡香腮雪”“水精帘里颇黎枕，暖香惹梦鸳鸯锦”等句，镂玉雕琼、裁花剪叶，固然精艳绝人、深美闳约，但却也未能“雅俗共赏”，在一定程度上让读者不容易接受。柳词避免藻饰雕琢，所做的铺叙展衍与白描手法相互配合，写景状物不用假借替代，抒情叙事也是直抒胸臆，直陈其事。如《忆帝京》就纯是日常口语，不加雕饰，却也真率感人。

柳词的“铺叙展衍，备足无余”也体现在章法结构上。沈义父在《乐府指迷》里论大词（即慢词）作法：“先须立间架，将事与意分定了。第一要起得好，中间只铺叙，过处要清新。最要紧是末句，须有一好出场方妙。”“大抵起句便见所咏之意，不可泛入闲事，方入主意。”“过处多是自叙，若才高者方能发起别意。然不可太野，走了原意。”“结句须要放开，含有余不尽之意，结景结尾最好。”等等。他总结的宋词基本写法，大体不外乎在结构上要腾挪跌宕，情景交融，并力求韵味悠然。但柳永又岂能受此“八股”牢笼束缚？王灼说：“柳耆卿《乐章集》，世多爱赏该洽，序事闲暇，有首有尾。”柳词的章法结构，以“平叙”见长，首尾兼备（而非跳跃空白），在序事闲暇之间见其开合起伏之能。

所谓“序事闲暇，有首有尾”，是指柳永有的词作侧重于词的叙事描写，能够通过叙事来抒发情感，通过抒情来贯串情节，这与令词单纯的借景言情，情由景生有较大区别。如《夜半乐》一词：

冻云黯淡天气，扁舟一叶，乘兴离江渚。渡万壑千岩，越溪深处。怒涛渐息，樵风乍起，更闻商旅相呼。片帆高举。泛画鹢、翩翩过南浦。　　望中酒旆闪闪，一簇烟村，数行霜树，残日下，渔人鸣榔归去。败荷零落，衰杨掩映，岸边两两三三，浣纱游女，避行客、含羞笑相语。　　到此因念、绣阁轻抛，浪萍难驻。叹后约丁宁竟何据。惨离怀，空恨岁晚归期阻。凝泪眼、杳杳神京路。断鸿声远长天暮。

夏敬观说：“（柳永）雅词用六朝小品文赋作法，层层铺叙，情景兼融，一笔到底，始终不懈。”这首词基本上以时间为顺序，先写出发时“扁舟一叶，乘兴离江渚”，再写一路旅程：“渡万壑千岩”“越溪深处”“翩翩过南浦”，兼及沿途所见：商旅、酒旆、烟村、霜树、渔人、败荷、衰杨、浣女等等，抒发旅途感受。从第一叠的道途所经、第二叠的眼中所见，再到第三叠的去国离乡之感，的确叙事从容，层次宛然，首尾俱备。

还必须注意到，柳词之所以能以“平叙”见长，是因为其词作平直的话语下潜藏着开合起伏的脉络。以他的名篇《雨霖铃》为例：

寒蝉凄切，对长亭晚，骤雨初歇。都门帐饮无绪，留恋处，兰舟催发。执手相看泪眼，竟无语凝噎。念去去，千里烟波，暮霭沉沉楚天阔。　　多情自古伤离别，更那堪，冷落清秋节！今宵酒醒何处？杨柳岸，晓

风残月。此去经年，应是良辰好景虚设。便纵有千种风情，更与何人说？

词中对情人离别的描写，典型且集中地体现了柳永的写作特点，其艺术成就之高，甚至被推崇为宋代婉约词的代表作。《雨霖铃》的结构层次也是“平叙”，日暮雨歇、城外饯行、兰舟催发、执手惜别、泪眼相对、揣想别后情景，离别之场景历历如画。词上阕写离别的场景，开头三句即点明送别的时间（深秋的傍晚）、地点（长亭）、环境（骤雨初歇、寒蝉嘶鸣），也铺垫了凄清哀切的基调。接下从多个角度铺衍离情之苦：既有恋人在离筵的思绪纷乱（帐饮无绪）与依依不舍（留恋处），又有船夫的催促（“兰舟催发”，因为日色将暮，也可能因为骤雨耽误了太多时间，还有可能是因为恋人之间没完没了的惜别让他感到不耐烦）；既有恋人离别时的动作行为的描写（执手相看泪眼，竟无语凝噎），又有对离别后的去路茫茫、道里修远的想象心理（念去去、千里烟波，暮霭沉沉楚天阔）。离别之凄凉况味，反复叙写，极尽铺陈之能事。

虽然《雨霖铃》铺叙展衍，层次推进的主体线索清晰明了，但是在层次的递进和转接中，又自有波澜，体现了柳词章法的开合起伏。下阕以首句“多情自古伤离别”结束上阕离别场景的刻画描写，是谓“合”。而紧接的“更那堪，冷落清秋节”又开启下阕别后思念之情的渲染，是谓“开”。“今宵酒醒何处？杨柳岸，晓风残月”是词人的自问自答，在结构上又自为开合。而在开合之间，又有内在的意脉加以贯穿。首句“寒蝉凄切”，点明季节时令，所以全词弥漫着萧瑟的秋意，并与下阕“冷落清秋节”互为呼应。“对长亭晚”，点明时间，所以才有兰舟的“催发”，也才有后面的“暮霭沉沉”。

《雨霖铃》也深具起伏变化之能。“骤雨”突至，行程受阻，而“初歇”，则兰舟催发，在欲留欲行之间，心情随之起落；“留恋处，兰舟催发”，恋人的浓情与船夫的寡情之间的矛盾，实际上是爱情与现实的冲突；而在“多情自古伤离别”的自我宽慰后，又面对“更那堪，冷落清秋节”的无尽孤独。一篇之中的情感变化，可谓“一波未平、一波又起”，回环往复，一唱三叹，感人至深。

刘熙载《艺概·词概》里说这首词“有点有染”，“上二句点出离别。‘冷落’‘今宵’二句，乃就上二句意染之。”结合柳词的艺术手法，“点染”之说可以有多层次的理解。第一层次，是“情景交融”，柳词点出“情”后，再以“景”渲染，则景与情共同构成鲜明的画面，营造出情景一体的意境。第二层次，“染”又是一种铺叙的手法，在词意被“点”醒之后，再不断铺陈形容，以求穷尽主旨。第三层次，“点染”又是章法结构的经营，“点”是开，“染”是合，在点染开合之间，状难状之景，达难达之情。

胡寅在《酒边词跋》里说：“词曲者，古乐府之末造也……唐人为之最工者。柳耆卿后出，掩众制而尽其妙，好之者以为不可复加。”他指出柳永的词的艺术成就“掩众制而尽其妙”，结合柳永在词的体制、风格、表现手法及章法结构方面的贡献，这个评语是合适的。“好之者以为不可复加”，对于喜爱柳永的人来说，柳永的词确实达到了宋词阶段性发展的高峰，短期内难以逾越。宋人项平斋说：“诗当学杜诗，词当学柳词。”杜甫是中国古典诗歌的集大成者，开后代学诗的无数法门。而词体中的“杜甫”——柳永，以其一生的创作，开浚了词体发展的河道，并注入了奔腾浩荡的源头活水，给后世留下了一笔珍贵的遗产。

第六章

柳永的影响

柳永的词不但在当时深受社会各阶层人士的喜爱，在中国词坛打下了无法磨灭的烙印，而且由于其深厚的情感和艺术生命力，受到千百年来无数读者的追捧。

周邦彦（1056—1121），字美成，号清真居士，钱塘人。著有《清真词》，后又名《片玉词》。

吴文英（约1200—1260），字君特，号梦窗，晚年又号觉翁，四明人。著有《梦窗词集》。

柳永大量创制慢词长调，开拓了词的表现范围，丰富了词的艺术技巧，留下了许多脍炙人口的名篇佳作，深受读者的喜爱，也深刻地影响了词史的发展。

“词家正体” 堪称曲祖

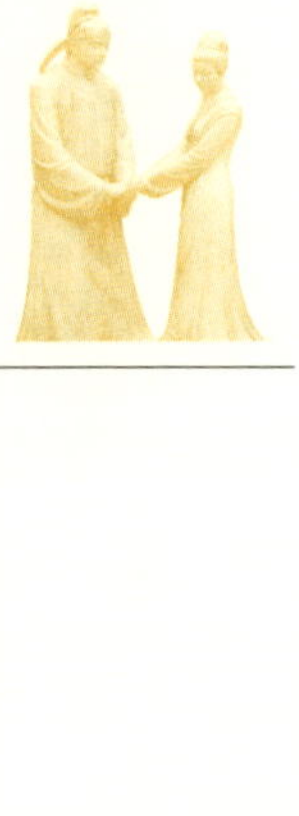

对于宋代词人来说，柳词是无法回避的存在。南宋初年的王灼说：“今少年妄谓东坡移诗律作长短句，十有八九不学柳耆卿则学曹元宠（组），虽可笑，亦毋用笑也。”他还说：“沈公述（唐）、李景元（甲）、孔方平（夷）、处度（孔榘）叔侄、晁次膺（端礼）、万俟雅言（咏）皆有佳句，就中雅言尤绝出。然六人者源从柳氏来。”可见在两宋词坛上，柳永的词是“教科书”，代表着典范（与之相反，苏轼“移诗律作长短句”，以诗法为词，不能完全体现词的本色），也有众多的学习者和追随者。许多著名的词人，如周邦彦、吴文英等，他们的艺术手法有着明显的柳词渊源。周邦彦的长调铺叙、吴文英的开合变化等，都离不开柳词导路的作用。南宋陈振孙评价周邦彦：“清真词多用唐人诗语，檃括入律，浑然天成；长调尤善铺叙，富艳精工，词人之甲乙也。”蔡嵩云在《柯亭词论》中也说：“周词渊源，全自柳出。其写情用赋笔，纯是屯田家法。特清真有时意较含蓄，辞较精工耳……梦窗深得清真之妙，其慢词开阖变化，实间接自柳出。”

即使对柳永有所批评的人，实际上也无法摆脱柳永的影响。如苏轼就曾敏锐地指出秦观“学柳七作词”：

> 后秦少游自会稽入京，见东坡，坡云：久别，当作文甚胜，都下盛唱公山抹微云之词。秦逊谢，坡遽云：不意别后，公却学柳七作词。秦答曰：某虽无识，亦不至是，先生之言无乃过乎。坡云：销魂，当此际，非柳词句法乎？

“山抹微云”“销魂，当此际”句来自秦观的著名词作《满庭芳》。秦观不肯承认他“学柳七作词”，表现出他对柳永的词有偏见，但是他的词作却没能摆脱“柳词句法”。苏轼曾戏谑地说：“山抹微云秦学士，露花倒影柳屯田”。“露花倒影”句，出自柳永的《破阵子》词。实际上，就是苏轼本人也不能免俗。他的《蝶恋花》一词中的“枝上柳绵吹又少，天涯何处无芳草”句，有论者甚至认为“恐屯田缘情绮靡，未必能过”。

甚至，柳词是苏轼在词体上的开拓与创新的“坐标轴”。他在给鲜于子俊的信中说：“近却颇作小词，虽无柳七郎风味，亦自是一家”，认为填词只有努力突破柳词风格的影响，才可自成一家。也这反证了柳永在词坛的巨大影响。

黄庭坚对于柳词也相当熟悉，他与苏轼同游凤池寺时，苏轼出上联：“张丞相之佳篇，昔曾三到。”张丞相，即张大逊，有诗云：“八十老翁无品秩，昔曾三到凤池来。”黄庭坚对以“柳屯田之妙句，那更重来。”堪称名对。黄庭坚应对敏捷，足见他对柳词的熟悉。他自己的词作也受到柳永的影响，在写俗词时也喜用市井俗语。相比黄庭坚来说，王安石则比较“冤枉”，蔡絛《西清诗话》记载王安石在嘉祐年间为应制而作的诗中有“太液池边”一句，“翌日，都下盛传王舍人窃柳耆卿词。”说王安石剽窃柳词，言之过重，应该只是由于他平日对柳词较为熟悉，以至于写诗时无意暗合。

李清照写有《词论》一文，评点许多北宋词坛上的著名文人，非常尖锐，如说苏轼的词“皆句读不葺之诗”“不协音律”，说王安石、曾巩的词“人必绝倒，不可读也”。她批评柳永的词“词语尘下”，但也不得不肯定柳词“变旧声作新声”的艺术贡献，以及“大得声称于世”的广泛影响。

在南宋，柳永的词以其强大的艺术生命力，继续影响着词坛。清代刘熙载在谈到南宋慢词长调时说：“南宋词近耆卿者多，近少游（秦观）者少，少游疏而耆卿密也。”

柳永对金、元曲的发展也起到一定作用。况周颐《蕙风词话》卷三说：“柳屯田《乐章集》为词家正体之一，又为金元已还乐语所自出。”他还指出，董解元的《哨遍》“连情发藻，妥帖易施”，风格接近《乐章集》。董解元《西厢记诸宫调》中《小亭送别》有这么一段：

> 雨儿乍歇，向晚风如漂冽，那闻得衰柳蝉鸣凄切。未知今日别后，何时重见也。衫袖上盈盈泪不绝，幽恨眉峰暗结，好难割舍。纵有千种风情，何处说。

可以明显看出语意、构思以及风格上沿袭了柳词名篇《雨霖铃》。董解元是北曲初祖，他的创作都以柳词为渊源，柳永对元曲的影响可见一斑。

金、元曲家对于柳永，还有文化精神的认同。柳永在《鹤冲天》里曾有“才子词人，自是白衣卿相”“忍把浮云，换了浅斟低唱”等牢骚和狂傲。元曲四大家之一的关汉卿，在【南吕·一枝花】《不伏老》中写道：“我是个普天下郎君领袖，盖世界浪子班头”，“你便是落了我牙，甭了我嘴，瘸了我腿，折了我手，天赐与我这几般儿歹症候，尚兀自不肯休！则除是阎王亲自唤、神鬼自来断断，三魂归地府，七魄丧冥幽，天哪，那其间才不向烟花路儿上走。”这种以“浪子班头”自居和“向烟花路儿上走”的人生态度，与柳永真是异代知己。所以清代李渔有《多丽词·春风吊柳七》推崇柳永为“曲祖”：“柳七词多，堪称曲祖，精魂不肯葬蒿莱。”

“好之者以为不可复加”

柳永词“天下咏之”，曾传入皇宫之中。他在参加科举考试时，因为“喜作小词”“薄于操行”而被朝廷黜落，从此自称“奉旨填词柳三变”。这件事反映了他的词其实受到了最高统治者的关注。这位表面上“留意儒雅、务本理道”的皇帝，私底下对柳词相当喜欢，以至于酒宴上都要以柳词来侑酒佐欢，“仁宗颇好其词，每对酒，必使侍妓歌之再三”。也有很多士大夫喜欢柳词。韩维“每酒后好讴柳三变一曲”，王彦昭“好令人歌柳三变乐府新声”，朱翌为之作乐语：“正好欢娱歌叶树，数声啼鸟；不妨沉醉拼画堂，一枕春酲。”这些都出自柳词。史学家、翰林学士范镇的家人朋友都“盛唱柳词”，范镇也“爱其才美”，赞叹柳词能描摹出仁宗时代的太平气象。

当然，柳永的词最得市井之人的喜爱，正如刘克庄诗所言：“儿女多知柳七名”。柳永之名影响所及，北宋末年“唐州倡马望儿者，以能歌柳耆卿词著名籍中”，擅长演唱柳永词作就是这位歌妓“著名籍中”的一块敲门砖，可见柳永词作受欢迎的程度。徐度《却扫编》卷下记载：

> 其词虽极工致，然多杂以鄙语，故流俗人尤喜道之。其后欧（阳修）、苏（轼）诸公继出，文格一变，至为歌词，体制高雅。柳永之作，殆不复称于文士之口，然流俗好之自若也。

文坛的风尚变化，也没有影响到“流俗”对于柳永的喜爱，为此他们甚至不惜冒犯权贵。《却扫编》接着叙述了一个故事：刘岑（字季高）曾任户部侍郎，从三品官。一次他在相国寺吃饭，谈到歌词时，旁若无人地大力贬低柳词。引起一位老宦者的不满，于是他默然起身，取来纸笔跪在刘岑面前说：“你说柳永的词不好，那请你写一篇来看看？”老宦者这样的反驳对不对暂且不论。但他敢向身为高官的刘岑发难，这足以说明底层民众对于柳词发自内心的喜爱之情。

神奇的是，虽然柳永的词充满了世俗气息，但有些方外之人居然也非常喜欢。邢州开元寺里有个叫法明的和尚，特别喜欢柳词。他在坐化之前，还留下一段偈语：“平生醉里颠蹶，醉里却有分明。今宵酒醉何处？杨柳岸，晓风残月。”无独有偶，道士王喆（王重阳，法号全真道士，全真道的开宗者）也喜爱柳词，他有一首《解佩令》词，自注“爱看柳词，遂成。”词的下阕说：“四旬七上，慧光崇兀。词中味，与道相谒。一句分明，便悟彻，耆卿言曲：杨柳岸，晓风残月。”柳永的词为什么也能得到和尚、道士的喜爱？也许是因为其真切的情感体验，不矫揉不造作，贴近生活的真实；也许是因为其高超的艺术技巧，其写景造境，均能融意于境，从而让人品味到“与道相谒”的丰富意蕴。

柳永的词还流传到异域他邦，享有很高的声誉。“凡有井水饮处，即能歌柳词”是从西夏出使归来的官员的说法，可见柳词在西夏流传之广。柳词也传播到了高丽，当代词学家吴熊和称：“《高丽史·乐志》所载七十四首北宋词曲……这些远播海外的大曲小唱，有十五首可考为柳永等人所作。”

明治年间，日本词学家森槐南写了一首著名的《酹江月·书晓风残月词后》：

> 耆卿绝调，奉天家圣旨，蓬莱宫阙。报导宫娃争按拍，满殿歌云凝咽。红杏尚书，微云学士，让尔传新阕。重来谁识，晓风吹尽残月。　　犹似眄望华清，露寒仙掌，万古风流歇。词客遭逢如此耳，夜雨淋零凄切。不是梧桐，依然杨柳，白尽梨园发。更怜身后，酒醒寒食时节。

森槐南以词的艺术形式，表达了他对柳永的倾慕之情。可见，柳词的艺术魅力超越了阶层、地域、民族和时间的限制，是人类艺术宝库里瑰丽的珍宝。

通俗文化作品中的柳永形象

在宋元以来的戏曲小说等通俗文学作品中，以柳永为主人公的作品大量出现。重庆文理学院教授杨忠谦说：“据现有资料统计，有关柳永题材的戏曲小说，凡18种，包括戏曲14种，小说4种。这些作品涉及宋元南戏、金院本、元明清杂剧传奇，及话本和拟话本等宋代以后诸多叙事体裁。”虽然有许多作品已经散佚或残缺，但由此可见柳永因其“风流浪子”般的行迹和“落魄才子”般的遭遇，已成为通俗文学作品中的“话题人物”，其人物形象被不断地解读、附会和重新塑造，虽然与真实人物形象有一定的距离，却也反映了柳永在民间社会中持续的“热度”。

在元杂剧和南戏中，与柳永有关的剧目有10种左右，其中关汉卿的《钱大尹智宠谢天香》完整地保存了下来。杂剧写柳永与歌妓谢天香相爱，柳永在赴京赶考时，恰好故友钱可任开封府尹，柳永郑重托他照顾谢天香。钱大尹原本对柳永留意花街、贪恋女色很不满，但谢天香的才华打动了他。为了让谢天香不再沦落风尘，钱大尹用心良苦，假装娶她为妾，使她脱离乐籍，三年后，柳永中状元归来，钱大尹将设计之事说明，柳永与谢天香终成眷属。

这个故事与史实有一些出入，如柳永并没有高中状元，又如官员纳歌妓为妾，这在北宋现实生活中也不太可能。在情节设计上也有漏洞，如柳永本来就是在京城开封与谢天香相恋，不太可能在考中后三年才来和谢天香相见。但这个故事里，柳永作为“风流才子”的形象还是比较生动的。他“本图平步上青云，直为红颜滞此身”，一边追求科举功名，一边又不忘花街柳陌，临别之际反复多次将谢天香托付给好友，为情的“痴狂”颇为感人。而最后柳永中状元之后与谢天香相聚的情节，和后代“才子佳人”小说及民间戏曲小说中常见的“落难公子中状元、奉旨成婚大团圆”模式颇为相似，体现了通俗文学的趣味和追求。

柳永与周月仙的故事，也常见于通俗文学作品中。南戏中有《柳耆卿诗酒玩江楼》，元杂剧中有戴善夫的《周月仙风破明月度，柳耆卿诗酒玩江楼》，但这些剧本都已散佚。大约产生于元明之际的《柳耆卿诗酒玩江楼记》，收录于《清平山堂话本》卷一，话本情节与明代梅鼎祚《青泥莲花记》卷十二“周月仙”条所记基本相同。话本写柳永任余杭县令时，见歌妓周月仙姿色美艳，便欲占有，被她拒绝后就设下圈套，收买船夫将周月仙强奸，并借此羞辱她，逼她顺从。

话本穿插了10首诗词，其中6首号称为柳永作品，但实际上除了《西江月》（师师媚容艳质）一首是柳永作品外，其他均为托名。而且，李煜的名篇《虞美人》（春花秋月何时了）也被称为柳永所作。可见话本作者的文化水平较低。这篇话本里，柳永用卑劣下流的手段逼从了周月仙，他的形象是贪淫好色的，这与真实情况相去万里。但话本的作者对此却是欣赏的。这说明，柳永与歌妓的交往在民间社会也曾引起过误解，民间社会对柳永的欣赏还有庸俗的一面。

明代的冯梦龙在《喻世明言·序》里说，流布于民间的《玩江楼》等小说“鄙俚浅薄，齿牙弗馨”。正因对此不满，《喻世明言》卷十二《众名姬春风吊柳七》对柳永玩江楼的故事重新改编，并增加了情节内容。故事梗概是：柳永在京师与李师师、赵香香和陈冬冬三位名妓相恋，后柳永赴余杭任县宰。赴任途中，他与江州名妓谢玉英相恋，但赴任又不便携带歌妓，于是两人相约待柳永余杭任满后，再一同回京师。在县宰任上柳永帮助周月仙与周秀才结成夫妇。县宰任满后，柳永再到江州，但不遇谢玉英，便留下《击梧桐》词。谢玉英见到词后，到东京与柳永相聚，如夫妇一般。后柳永因词得罪宰相吕夷简和仁宗皇帝，被罢了官职，从此放旷不检，以妓为家。柳永去世后，由李师师、赵香香、陈冬冬等歌妓为其殓葬于乐游原。不久谢玉英也过哀而死，随葬于柳永墓侧。此后年年清明时节，“诸名姬不约而同，各备祭礼，往柳七官人坟上，挂纸钱拜扫，唤作吊柳七。”

《众名姬春风吊柳七》中，柳永是一个重情重义的风流词人，与《玩江楼》的好色奸诈形象完全不同。在周月仙的故事上，与周月仙情意甚密的是周秀才（《玩江楼》里是黄员外），设计让船夫强奸周月仙的主谋是刘二员外（《玩江楼》里是柳

“入话”是语本及拟话本小说的一种结构，为大故事前的小故事，即故事的引子。

永），而正是余杭县令柳永仗义出资，帮助周月仙脱离乐籍，才与周秀才结为夫妇。

周月仙的故事，只是《众名姬春风吊柳七》的插曲，冯梦龙着力塑造的是柳永落魄的风流才子的形象。故事的入话是孟浩然的故事。孟浩然的人生际遇与柳永有相似之处，他曾因“不才明主弃，多病故人疏”一诗而触怒皇帝，终身不用。冯梦龙借孟浩然的故事来提示柳永因词惹祸、落魄一生的命运。

故事说道，柳永因《西江月》词得罪宰相吕夷简，吕夷简因此在仁宗皇帝试图起用柳永为翰林时极力阻拦，于是仁宗皇帝御笔批道：“柳永不求富贵，谁将富贵求之？任作白衣卿相，风前月下填词。”并罢了柳永官职。但柳永说：“当今做官的，都是不识字之辈，怎容得我才子出头？”“浮沉下僚，终非所好；今奉旨放落，行且逍遥自在，变为仙人。”故事将柳永落拓不羁的叛逆性格和怀才不遇的悲剧命运表现得饱满充分。

男女恋情是通俗文艺最热衷的题材，所以冯梦龙也重点叙述柳永与歌妓的爱情。京师这三位名妓“赔着自己钱财，争养柳七官人”。柳永去世时，她们敛集众妓家财帛，戴孝守墓，如同亲人一般。谢玉英在江州结识柳永后，便“一心要相随柳七官人，侍奉箕帚”，后来还千里迢迢到东京寻找他，“自到东京，从不见客，只与耆卿相处，如夫妇一般”，柳永去世后不到两个月，她也因过于哀痛而得病去世。

柳永对这些歌妓也一往情深。故事主要结合柳永的诗词作品（部分是托名的作品）来设计情节和表现人物。如柳永《玉女摇仙佩》一词，有“愿奶奶兰心蕙性，枕前言下，表余深意。为盟誓，今生断不孤鸳被”等句，故事将此词敷衍为江州惜别时，柳永写赠谢玉英之作，颇为贴切。

《众名妓春风吊柳七》的故事情节，大多改编自前代文人笔记、戏曲、小说等文献中的柳永故事，体现了柳永故事的承继性。通俗文学作品中的柳永形象，相对于真实的柳永必然有一定的变异。然而要理解柳永，认识他作为都市词人、风流浪子的价值和意义，也许，民间的文化趣味和文化视角不可忽略。

结　语

在读完柳永的故事，掩卷沉思之余，我们不妨做一些假设：假如柳永生在今天这个时代，那会怎样？我们有没有足够的智慧去认识他的价值？我们会不会将他的作品简单地判定为“庸俗”或“色情”？我们有没有足够的宽容和勇气，去接受一种崭新的艺术形式和艺术趣味？

柳永如果生活在今天，他可以当个自由撰稿人，填词谱曲，凭着稿费过上有尊严的生活；他也可以当个音乐经纪人，歌手们“一经品题，声价十倍”，他也可借此获得不菲的收入；他也可以到国家的音乐学院里当教授，乐育英才；他还可以为各个城市撰写广告词，推广城市形象；如果他实在想当官，可以去各级文化主管部门，用专业的水准推动文化的发展。毕竟，这个时代比起北宋，价值观更加多元，更有包容性，能提供更多的选择，也有更多的出路。

后　记

福建，山海相拥，人杰地灵，人文荟萃，英才辈出，产生了许多伟大的思想家、文学家、教育家、科学家和民族英雄、爱国先驱、革命将士、时代楷模。他们的教育成长、道德品行和思想文章，是福建的宝贵精神财富，教育和激励着一代代福建人努力学习、奋勇前行。福建省社会科学界联合会组织编写的“福建历史文化名人丛书”，以福建历史名人为题材，古今结合，意在从高处着眼、从基础着手，普及人文社会科学知识，促进人文道德养成，使社会科学知识走进大众、走进生活、走进现实，让更多的人了解福建历史名人，弘扬优秀传统文化，增强福建文化影响力和感染力，为建设文化强省添砖加瓦。

“福建历史文化名人丛书”（第二辑）所包含的李贽、宋慈、郑樵、柳永、黄榦、蔡襄、辜鸿铭、林觉民、沈葆桢、陈宝琛10个人物故事，记录了福建文化之于中国历史的影响，同时也以人物史的叙述方式生动地展现出中国人文精神的风骨和传统文化的传承。人物篇以人物生平为线索，在故事中体现传主的学问、事功、道德，凸显他们在中华文明进程中的重要作用，深入挖掘和阐发其内在精神，从而激起读者爱国爱乡的强烈情感，使之成为涵养社会主义核心价值观的重要源泉。

这套丛书以广大群众为读者对象，尤其是各年龄段的学生群体以及受过中等教育的读者，他们对这些历史名人的认知，大多来源于历史课本、乡土教材、文化景点和博物馆，很难形成具

体、深入、系统的认识。丛书深入浅出，雅俗共赏，通过一个个生动精彩的故事带领读者走进福建历史，走入人文社会科学的知识殿堂，融故事性、知识性、趣味性、可读性于一体，对提升大众的阅读水平，普及社会科学知识、提高人文社会科学文化素养和思想道德素质有着积极的作用。

福建省社科联党组书记、副主席冯潮华对编撰出版工作提出明确要求，给予大力支持。省社科联党组成员、副主席缪建萍亲自指导本书的策划和编写。省社科联从事社科普及工作的缪旭明、杨文飞、林彤、李培鋗等具体组织实施本丛书的编撰出版工作。

刘小新、林国平、刘传标等专家学者对丛书写作大纲和书稿进行了认真审读，并提出了许多很好的意见和建议，在此表示感谢！

由于编撰出版时间紧，经验和水平有限，疏漏在所难免，敬请广大读者批评指正。

编委会

2017年2月